Thomas Böxler

Paid Content im Web 2.0: Strategien und Erfolgsfaktoren für Printverlage

Diplomica® Verlag GmbH

Böxler, Thomas: Paid Content im Web 2.0: Strategien und Erfolgsfaktoren für Printverlage. Hamburg, Diplomica Verlag GmbH 2012

ISBN: 978-3-8428-7284-4
Druck: Diplomica® Verlag GmbH, Hamburg, 2012

Bibliografische Information der Deutschen Nationalbibliothek:
Die Deutsche Nationalbibliothek verzeichnet diese Publikation in der Deutschen Nationalbibliografie; detaillierte bibliografische Daten sind im Internet über http://dnb.d-nb.de abrufbar.

Die digitale Ausgabe (eBook-Ausgabe) dieses Titels trägt die ISBN 978-3-8428-2284-9 und kann über den Handel oder den Verlag bezogen werden.

Dieses Werk ist urheberrechtlich geschützt. Die dadurch begründeten Rechte, insbesondere die der Übersetzung, des Nachdrucks, des Vortrags, der Entnahme von Abbildungen und Tabellen, der Funksendung, der Mikroverfilmung oder der Vervielfältigung auf anderen Wegen und der Speicherung in Datenverarbeitungsanlagen, bleiben, auch bei nur auszugsweiser Verwertung, vorbehalten. Eine Vervielfältigung dieses Werkes oder von Teilen dieses Werkes ist auch im Einzelfall nur in den Grenzen der gesetzlichen Bestimmungen des Urheberrechtsgesetzes der Bundesrepublik Deutschland in der jeweils geltenden Fassung zulässig. Sie ist grundsätzlich vergütungspflichtig. Zuwiderhandlungen unterliegen den Strafbestimmungen des Urheberrechtes.

Die Wiedergabe von Gebrauchsnamen, Handelsnamen, Warenbezeichnungen usw. in diesem Werk berechtigt auch ohne besondere Kennzeichnung nicht zu der Annahme, dass solche Namen im Sinne der Warenzeichen- und Markenschutz-Gesetzgebung als frei zu betrachten wären und daher von jedermann benutzt werden dürften.

Die Informationen in diesem Werk wurden mit Sorgfalt erarbeitet. Dennoch können Fehler nicht vollständig ausgeschlossen werden, und der Diplomica Verlag, die Autoren oder Übersetzer übernehmen keine juristische Verantwortung oder irgendeine Haftung für evtl. verbliebene fehlerhafte Angaben und deren Folgen.

© Diplomica Verlag GmbH
http://www.diplomica-verlag.de, Hamburg 2012
Printed in Germany

Inhaltsverzeichnis

Abbildungsverzeichnis III

Abkürzungsverzeichnis IV

Kapitel 1 Einführung 1

   1.1 Zielsetzung und Methodik der Untersuchung 3

      1.2 Aufbau des Fachbuches 4

Kapitel 2 Grundlagen und Begriffsdefinitionen 6

   2.1 Erfolg und Erfolgsfaktoren in der Betriebswirtschaftslehre 6

   2.2 Einordnung von Printverlagen auf dem Medienmarkt 8

   2.3 Definition und Einordnung von Content 12

      2.3.1 Marktfähigkeit und besondere Gütereigenschaften von Content ... 13

      2.3.2 Paid Content und Paid Services 14

   2.4 Grundlagen des Mediennutzungsverhaltens 16

   2.5 Das Internet – Entwicklung und Verhalten der Marktteilnehmer 17

      2.5.1 Von den Anfängen bis zum Web 2.0 17

      2.5.2 Die Zahlungsbereitschaft im Internet – „Free Lunch Mentalität" ... 20

   2.6 Herausforderungen durch konvergierende Märkte 21

Kapitel 3 Untersuchung des digitalen Gutes Content und seiner Vermarktung 23

   3.1 Marktfähigkeit von Content - Der Wert einer Information 23

      3.1.1 Wertbestimmung aus Anbietersicht 24

      3.1.2 Wertbestimmung aus Nachfragersicht 27

   3.2 Technische Voraussetzungen für Paid Content-Angebote 30

   3.3 Zahlungsbereitschaft für kostenpflichtige Inhalte 33

   3.4 Determinanten des Entscheidungsprozesses 36

   3.5 Modelle zur Ausgestaltung der Paid Content-Angebote 38

3.5.1 Grad der Zugangsrestriktion 38

3.5.2 Formen der Finanzierung 42

3.6 Beispiele aus der Verlagspraxis 45

Kapitel 4 Untersuchung der veränderten Mediennutzung durch Online-Medien 48

4.1 Aktuelle Trends in der Mediennutzung 48

4.2 Information Overload - Aufmerksamkeit als knappe Ressource 50

4.2.1 Folgen dieser Entwicklungen für das Mediennutzungsverhalten ... 51

4.2.2 Kollaborative Filtermechanismen 54

Kapitel 5 Determinanten eines erfolgreichen Paid Content Modells 59

5.1 Potenzielle Erfolgsfaktoren für Paid Content-Angebote 59

5.2 Einflüsse aus der Unternehmensumwelt 66

5.3 Operative Handlungsoptionen 68

Kapitel 6 Fazit 72

Zusammenfassung und Ausblick 72

Quellenangaben VII

Literaturverzeichnis VII

Abbildungsverzeichnis

Abb. 1 | Typisierung von Medienmärkten 9

Abb. 2 | Klassische Wertschöpfungskette von Printverlagen 9

Abb. 3 | Dreiecksbeziehung werbefinanzierter Medien 11

Abb. 4 | Disintermediation bei PCA 15

Abb. 5 | Gütertypologie 23

Abb. 6 | Möglichkeiten der Preisdifferenzierung 26

Abb. 7 | Alternative Anbieter von Content im Internet 26

Abb. 8 | Möglichkeiten zum Abbau von Informationsasymmetrien 27

Abb. 9 | Typisierung von Informationen 28

Abb. 10 | Marktanteile der Handybetriebssysteme in Deutschland 31

Abb. 11 | Zahlungsarten im Internet 32

Abb. 12 | Zahlungsbereitschaft für Content 34

Abb. 13 | Onlinespende bei der *taz* 35

Abb. 14 | Entscheidungsprozess bei der Inanspruchnahme von PCA . 37

Abb. 15 | Paywall bei der *Times* und der *New York Times* 40

Abb. 16 | Quersubventionierung innerhalb des Freemium Modells 41

Abb. 17 | Relevante Formen der Finanzierung für PCA 42

Abb. 18 | Veränderter Selektionsprozess von Themen 51

Abb. 19 | Mitgliederzuwachs von *Facebook* in Deutschland 52

Abb. 20 | Social Media Anbindung auf *www.spiegel.de* 55

Abb. 21 | Die Paywall als Hindernis für Referrals 57

Abb. 22 | Anteil der Nutzer die über *Facebook* generiert wurden 57

Abb. 23 | Erfolgsfaktoren für PCA 60

Abkürzungsverzeichnis

Abb.	Abbildung
Bspw.	Beispielsweise
ebd.	Ebenda
et al.	Und andere
HTML	Hypertext Markup Language
i.S.	im Sinne
o.g.	oben genannt
o.S.	ohne Seite
PCA	Paid Content-Angebote
PDF	Portable Document File
S.	Seite

Kapitel 1 Einführung

„Die Leute sind bereit, für Qualitätsinhalte zu zahlen. Es hat nur noch keiner ernsthaft versucht."[1] *Rupert Murdoch, CEO News Corp.*

Zeitungs- und Zeitschriftenverlage durchlaufen einen strukturellen Veränderungsprozess, der primär durch die zunehmende Konvergenz von Medien-, Technologie- und Telekommunikationsmärkten geprägt ist. Das mediale Printprodukt, welches über Jahrhunderte optimiert und an das Mediennutzungsverhalten der Leser angepasst wurde, scheint ausgereizt.

Die Entstehung des Internets und die damit einhergehende Digitalisierung hatte für die Anbieter von redaktionellen Inhalten gravierende Folgen: der Begriff „Zeitungssterben" beschreibt treffend die seit Jahren drastisch sinkenden Absätze von Printmedien, allen voran Zeitungen und Zeitschriften. Dabei mangelt es den Verlagen nicht an potenziellen Lesern. Zahlreiche deutsche Tageszeitungen konnten ihre Leserschaft in den letzten zehn Jahren fast verdoppeln, allerdings mit hohen Einbußen bei den verkauften Printtiteln.[2] Die „neuen Leser" kommen über Smartphones, soziale Netzwerke und Suchmaschinen auf die Webseiten der Verlage. Das Internet ist zur beliebtesten Quelle für die schnelle und aktuelle Informationssuche geworden - Informationen, die nicht durch den starren Sendeplan von Rund- und Hörfunk beschränkt und durch mobile Endgeräte überall und jederzeit verfügbar sind. Dabei ist eine zunehmende Bedeutung von redaktionellen Empfehlungen zu erkennen. Im vernetzten Web 2.0 nehmen Nutzer die Rolle von Filtern ein, indem sie aus dem unendlichen Informationsangebot des Internets

---

[1] Vgl. Steinkirchner (2010), S. 37.
[2] Vgl. Meier (2011), S.71; Pürer (2006), S. 22. Die Auflagen der Tageszeitungen sanken zwischen 1995 und 2005 um knapp 15% (von 25,4 Mio. auf 21,7 Mio. Exemplare). Ihre Reichweite schrumpfte im selben Zeitraum um 6,2% (von 81,0 auf 74,8 Mio. Leser).

qualitativ hochwertige und interessante Inhalte selektieren und darauf innerhalb ihres Netzwerks verweisen.

Um hohe Reichweiten zu erzielen, und somit attraktiv für Werbekunden zu werden, wurden Inhalte anfänglich kostenfrei im Internet angeboten. Dabei wurde viel Geld in den Reichweitenaufbau investiert, ohne einen entsprechenden Umsatzstrom an anderer Stelle zu generieren. Die daraus entstandene mangelnde Zahlungsbereitschaft für digitale Inhalte (Content) konnte bisher nicht umfassend korrigiert werden.

Doch das klassische Modell der Medien, die Erstellung und den Vertrieb der redaktionellen Inhalte über die Einnahmen aus dem Verkauf von Anzeigen zu refinanzieren, ließ sich im Internet nicht problemlos umsetzen.[3] Exogene Wirtschaftsschocks und das Auftreten neuer Werbeträger im Internet erhöhten den Wettbewerb um die Werbebudgets der Unternehmen. Eine Studie der Unternehmensberatung *Transaction Consulting* prognostiziert alleine für den deutschen Markt einen Rückgang der Werbe- und Anzeigenerlöse von 500 Millionen Euro bis 2015.[4] Das Modell *Paid Content* zählt aufgrund dessen zu einem der aktuell meist diskutiertesten Themen der Medienindustrie.

Dabei ist die Option für die Verlage, mit Inhalten im Internet Geld zu verdienen, nicht neu. Seit 1996 bietet das US-amerikanische *Wall Street Journal* auf seiner Website Inhalte kostenpflichtig im Abonnement an.[5] Die ersten Versuche Paid Content gewinnbringend einzusetzen, und die Nutzer von der Notwenigkeit von finanzierten Inhalten zu überzeugen, gleichen dabei jedoch dem *„Trial & Error"* Prinzip. Problematisch bei der Ausgestaltung eines Geschäftsmodells ist nicht nur die mangelnde Zahlungsbereitschaft der Nutzer, sondern auch die Struktur des verkauften Produkts und der Wettbewerb im Internet durch Anbieter von kostenfreiem Content. Die durchgehend gesättigten Massenmärkte und deren Fragmentierung in kleine zielgruppenspezifische Märkte (*„Long Tail"*), erschweren den Absatz von Bezahlinhalten an eine große

---

[3] Vgl. Breyer-Mayländer/Seeger (2006), S. 3ff.
[4] Vgl. Gabe (2010), S. 31.
[5] Vgl. Fehr (2003),S. 10.

Zahl von Abnehmern. Dabei befinden Sich die Verlagsangebote im Netz nicht nur in Konkurrenz untereinander - branchenfremde Anbieter, die Content als Zusatzangebot ihres Kerngeschäfts kostenfrei anbieten, torpedieren den Aufbau eines Geschäftsmodells für Paid Content-Angebote.[6]

Trotz all dieser Barrieren arbeiten zahlreiche Verlage mit Nachdruck an der Kommerzialisierung ihrer bislang kostenlosen Online-Angebote. Dass die Branche mit einem rein werbefinanzierten Erlösmodell nicht zu retten ist, hat die Mehrheit der Verlagsmanager eingesehen.[7] Bis 2013 sollen ca. 40% des Umsatzes mit digitalen Angeboten erwirtschaftet werden.[8] Die Erfolge beim Vertrieb von kostenpflichtigen Applikationen an die Nutzer von mobilen Endgeräten, über die redaktionelle Inhalte abgerufen werden können, beweisen, dass Potenzial für das Modell vorhanden ist. Im stationären Internet gelang es bisher jedoch nur international führenden Zeitungs-und Zeitschriftenmarken, wie dem *Wall Street Journal* und der *Financial Times,* Bezahlmodelle erfolgreich durchzusetzen.

1.1 Zielsetzung und Methodik der Untersuchung

Das Ziel der vorliegenden Untersuchung ist die Ableitung von Erfolgsfaktoren, die für die Ausgestaltung eines Geschäftsmodells das auf dem Verkauf von Bezahlinhalten an Endkunden aufbaut, konstitutiv sind. Dabei geht es bewusst nicht um Erfolgsfaktoren, die einzelne Anbieter nutzen können um Vorteile gegenüber dem Wettbewerb zu generieren, sondern um Faktoren, die zum Erfolg des Modells und zum Nutzen der gesamten Branche beitragen. Eine normative Perspektive, die auf die Wichtigkeit von qualitativ hochwertigem Journalismus eingeht, wird außer Betracht gelassen. Eine Orientierung erfolgt anhand betriebswirtschaftlicher Gesichtspunkte.

---

[6] Im Folgenden mit PCA abgekürzt.
[7] Vgl. Theyson/Prokpowicz/Skiera, (2005), S. 174.
[8] Vgl. www.dermerkur.de/artikel/zeitungsverlagesetzenaufpaidcontent (08.08.2011).

Zentraler Untersuchungsgegenstand ist dabei, welchen Einfluss das veränderte Mediennutzungsverhalten auf ein solches Geschäftsmodell hat. Die Veränderungen in der Mediennutzung beziehen sich sowohl auf die Verbreitung neuer Technologien (mobile onlinefähige Endgeräte), als auch auf die Beteiligung und das kollaborative Verhalten der Mitglieder in sozialen Netzwerken. Dabei werden interdisziplinär Modelle und Erkenntnisse aus den Feldern der Medien- und Internetökonomie und der Kommunikationswissenschaft miteinander verknüpft.

Es handelt sich hierbei um eine literaturgestützte Untersuchung, die keine eigens erhobenen empirischen Erkenntnisse verwendet. Als theoretische Basis dienen externe empirische Studien, Lehrbücher aus den entsprechenden Fachbereichen, wissenschaftliche Arbeiten sowie Artikel aus der branchenrelevanten Presse (Print und Online). Besonders zu Beispielen für Bezahlschranken und Fakten zu den Entwicklungen in sozialen Netzwerken wurde auch auf Internetquellen und aktuelle Fachartikel zurückgegriffen. Zur Fundierung der Ergebnisse empfiehlt sich eine empirische Untersuchung, die Validität und Umsetzbarkeit dieser Erfolgsfaktoren stützt.

1.2 Aufbau des Fachbuches

Der theoretische Grundlagenteil (Kapitel 2) definiert die Untersuchungsgegenstände und legt damit den Rahmen dieses Fachbuches fest. Diese Definitionen und Begriffserklärungen liefern ein grundlegendes Verständnis für die Thematik und dessen Bedeutung im aktuellen Kontext.

Kapitel 3 untersucht den Aufbau des Gutes Content und befasst sich mit dessen Marktfähigkeit sowohl aus Anbieter- als auch aus Nachfragerperspektive. Zentral ist weiter eine Untersuchung der Zahlungsbereitschaft für Paid Content. Der Beschreibung, wie ein Geschäftsmodell für Bezahlinhalte ausgestaltet werden kann, folgen zwei Praxisbeispiele.

Das 4. Kapitel untersucht das veränderte Mediennutzungsverhalten, dass sich primär auf eine Verschiebung der Nutzungsgewohnheiten in Bezug auf den technischen Zugang zu redaktionellen Online Angeboten und eine Veränderung bei der Informationssuche durch das Engagement in sozialen Netzwerken bezieht. Es wird untersucht, wie Internetnutzer redaktionelle Inhalte auswählen und welchen Einfluss dies auf ein Paid Content Modell der Printverlage hat.

Kapitel 5 führt die Analysegegenstände der vorherigen Kapitel zusammen. Dieses Kapitel stellt das Ergebnis dieser Untersuchung dar und benennt Erfolgsfaktoren, die sowohl externe Umwelteinflüsse als auch interne Herausforderungen an das Geschäftsmodell einbeziehen. Weiterhin werden operative Handlungsoptionen aufgezeigt.

Kapitel 2 Grundlagen und Begriffsdefinitionen

Um den Leistungsprozess von Printverlagen darzustellen, erfolgt in diesem Kapitel eine Einordnung der Printverlage in das Mediensystem, sowie definitorische Abgrenzungen zur Bestimmung der Untersuchungsgegenstände.

2.1 Erfolg und Erfolgsfaktoren in der Betriebswirtschaftslehre

In ökonomischen Zusammenhängen wird der Begriff Erfolg traditionell als Ergebnis der Wirtschaftstätigkeit angesehen, welches in monetären Kennzahlen ausgedrückt wird.[9] Aus gegenwärtiger Perspektive scheint diese Dimension der Erfolgsmessung aufgrund eines äußerst komplexen Wirtschaftssystems jedoch nicht ausreichend. Durch den Wandel von Verkäufer- zu Käufermärkten und der damit einhergehenden Notwendigkeit, Kundenbeziehungen aufzubauen, gewinnen auch nichtmonetäre Kennzahlen als Darstellung des Unternehmenserfolges an Bedeutung.[10] Die Messung des Erfolges kann sich dabei auf verschiedene Betrachtungspunkte beziehen.

Nach dem **Zielansatz** wird der Erfolg eines Unternehmens anhand des Grades der Zielerreichung gemessen. Dabei liegt die Annahme zugrunde, dass jedes Unternehmen ein Ziel (bzw. ein Bündel von Zielen innerhalb eines Zielsystems) verfolgt, auf dessen Erreichung alle Aktivitäten und Maßnahmen des wirtschaftlichen Handels ausgerichtet werden.[11]

Der **Stakeholderansatz** misst die Erfolgserreichung anhand der Interessensberücksichtigung aller internen (z.B. Mitarbeiter) und externen (z.B. Kunden) Interaktionspartner des Unternehmens.[12] Besonders in diesem Bereich kann Erfolg auch anhand psychographischer und

---

[9] Vgl. Gabler Wirtschafts-Lexikon (2010), S. 911.
[10] Vgl. Meffert/Burmann/Kirchgeorg (2007), S. 7.
[11] Vgl. Fritz (1995), S. 220.
[12] Vgl. Bleicher (1989), S. 150f.

nichtmonetärer Kennzahlen (z.B. Kundenzufriedenheit) gemessen werden.

Der **Systemansatz** betrachtet Erfolg als die Fähigkeit eines Unternehmens, Ressourcen (menschlich und technologisch), Prozesse und Strukturen so einzusetzen, dass ein langfristiges Überleben des Unternehmens gesichert ist. Dazu ist eine möglichst weitreichende Anpassung an die Umwelt nötig (*economic fit*).[13]

Als Determinanten zur Erreichung des Unternehmenserfolges werden weithin Erfolgsfaktoren genannt. Zahlreiche Autoren und Studien beschäftigen sich mit der Erforschung von Erfolgsfaktoren sowie deren Wirkung auf die Strategie eines Unternehmens. So vielfältig die Thematik in der Literatur behandelt wird, so viele verschiedene Definitionsansätze gibt es. Nach *Kreilkamp (1987)* umfasst der Begriff Erfolgsfaktor verschiedene Komponenten. Einerseits sind danach Erfolgsfaktoren die Maßnahmen, die ein Unternehmen wählt um seine Ziele zu erreichen. Andererseits sind Erfolgsfaktoren auch in umweltspezifischen Bedingungen und Gegebenheiten zu finden.[14] Diese Definition ist somit analog zum Systemansatz der Erfolgsbetrachtung zu verstehen, der eine positive Wechselwirkung aus unternehmensinternen und -externen Umständen fordert. Nach einer Definition von *Adrian (1989)* sind Erfolgsfaktoren Orientierungspunkte, an denen alle Handlungen ausgerichtet werden, um unternehmerischen Erfolg zu gewährleisten.[15] Eine sehr prägnante Definition von Erfolgsfaktoren lieferte *Rockart* bereits *1979*: „They are the few key areas where 'things must go right' for the business to flourish".[16] Das Konzept der „kritischen Erfolgsfaktoren" bezeichnet dabei die Fokussierung auf einige wenige Maßnahmen, die den Erfolg des Unternehmens sicherstellen.[17]

---

[13] Vgl. Wohlgemuth/Hess (1999), S. 32.
[14] Vgl. Kreilkamp (1987), S. 176.
[15] Vgl. Adrian (1989), S. 224ff; Tjaden (2003), S. 58ff.
[16] Vgl. Rockart (1979), S. 85.
[17] Vgl. hier und im Folgenden Tereschenko/Kieneke (2007), S. 4f.

Erfolgsfaktoren können weiterhin anhand ihres Geltungsbereichs differenziert werden. Dieser kann sich auf eine Branche, eine Unternehmen oder auf ein Geschäftsfeld beziehen und ist somit ausschlaggebend für die Ableitung von Erfolgsfaktoren. Der Begriff Geschäftsmodell bezieht sich dabei auf die Ausgestaltung des Leistungssystems und bildet ab, wie Unternehmen ihre Ressourcen verwenden um marktfähige Güter zu erstellen und abzusetzen.[18]

Im vorliegenden Fachbuch werden Erfolgsfaktoren als die maßnahmenbestimmenden Determinanten betrachtet, auf denen das Geschäftsmodell der Printverlage in Bezug auf Paid Content-Angebote aufbauen muss, um zu einer langfristigen Zielerreichung beizutragen.

2.2 Einordnung von Printverlagen auf dem Medienmarkt

Medienunternehmen werden über ihren Leistungsprozess charakterisiert, der (stark komprimiert) das Erzeugen (*Content Creation*), Bündeln (*Content Transformation*) und Distribuieren (*Content Distribution*) von Informationen und Unterhaltung umfasst.[19] „Aus Sicht der Mediennutzer produzieren Medienunternehmen gebündelte, mediale Inhalte in Form von Texten, Bildern, verschiedenen Varianten von Audio- und Videoangeboten sowie in wachsendem Maße auch interaktive Angebote zur Befriedigung des Bedürfnisses nach Unterhaltung und Information."[20] Die so entstehenden marktfähigen Güter werden als Endprodukte an die Rezipienten weitergegeben.

Die Typisierung von Medienunternehmen wird nach den von Ihnen erstellten Produkten vorgenommen, die eine Zuordnung zum Medienteilmarkt ermöglicht.

---

[18] Vgl. Wirtz (2008), S. 74ff.
[19] Vgl. Gläser (2010), S. 73.
[20] Vgl. Rawolle (2002), S. 6.

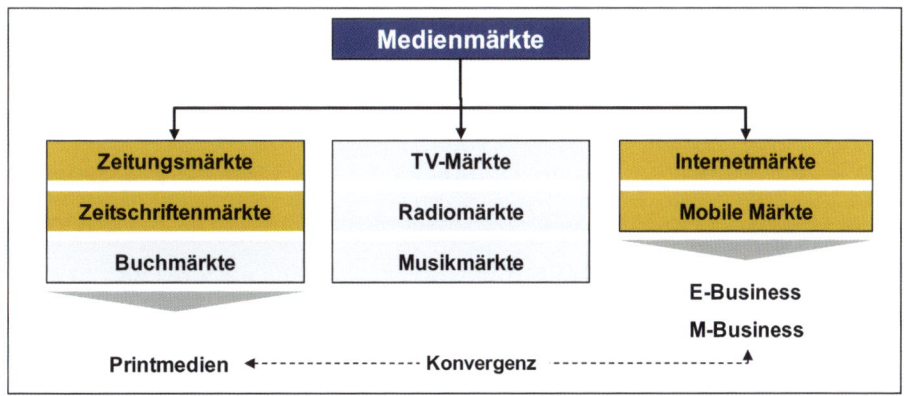

Abb. 1 | Typisierung von Medienmärkten[21]

Im Rahmen dieser Untersuchung erfolgt eine Fokussierung auf die Printmärkte, genauer auf Zeitungs- und Zeitschriftenmärkte. Die Buchmärkte sind aufgrund ihrer abweichenden Eigenschaften in Bezug auf das Nutzungsverhalten der Rezipienten und die Modelle zur Verwertung von Inhalten nicht Gegenstand der Betrachtung. Die mediale Konvergenz schließt eine Betrachtung der Internet- bzw. Mobilemärkte ein.[22]

Printmärkte: Zeitungs- und Zeitschriftenverlage

Printverlage sind demnach gewerbliche Unternehmen, deren Kernkompetenz in der Produktion, Bündelung und Distribution von Informationen liegt. Die Distribution erfolgt an ein Trägermedium gebunden (Papier) oder über technische Infrastrukturen (Internet, Mobiltelefon).

Abb. 2 | Klassische Wertschöpfungskette von Printverlagen[23]

Konstitutive Merkmale der so entstehenden Güter sind das regelmäßige Erscheinen (Periodizität), die Aktualität der Informationen sowie die inhaltliche Vielfalt der Themen. Eine Einschränkung in der Zugänglichkeit

---

[21] In Anlehnung an Wirtz (2008), S. 22.
[22] Vgl. hierzu Kap. 2.6.1
[23] In Anlehnung an Hess/Schumann (1999), S. 206.

existiert nicht (Publizität).[24] Printprodukte können weiter nach ihrem Verbreitungsgebiet (regional, überregional) und der Art des Verkaufs (Gratis-/ Kaufzeitung, Abonnement) klassifiziert werden.[25] Bei Zeitschriften erfolgt eine thematische Unterteilung nach dem Adressatenkreis: General-Interest- oder Publikumszeitschriften richten sich an ein thematisch breit gestreutes Publikum und decken primär das Bedürfnis nach Unterhaltung oder Informationen.[26] Special-Interest Titel sind thematisch auf verschiedene Zielgruppen zugeschnitten und ermöglichen so eine individuellere Ansprache. So werden nicht nur geschlechtsspezifische Interessensgebiete abgedeckt, sondern auch Hobby- und Freizeitinteressen. Fachzeitschriften richten sich mit überwiegend wissenschaftlich geprägtem Inhalt an bestimmte Berufsgruppen oder Verbände.[27]

Über das Angebot von Printprodukten hinaus sind die Verlage mit redaktionellen Inhalten im Internet vertreten. Gegenüber der Printausgabe werden die Inhalte substitutiv (gleiche Inhalte wie in der Printausgabe) oder additiv (weiterführende Informationen) angeboten.[28] Durch die Verbreitung von Informationen über das Internet ist eine Abgrenzung anhand des Kriteriums der Periodizität nicht mehr gegeben, da Inhalte unmittelbar nach ihrer Produktion veröffentlicht werden können.

Finanzierungsmöglichkeiten für Inhalte

Für die Verlage bestehen verschiedene Möglichkeiten Umsätze zu generieren. Beim direkten Verkauf des Gutes an den Konsumenten wird gegen ein Entgelt ein physisches (z.B. eine Ausgabe einer Zeitschrift) oder digitales Produkt (z.B. Inhalte auf einer Website) abgegeben. Alternativ können Inhalte dem Rezipienten kostenfrei angeboten werden, wenn deren Herstellungskosten über eine Umwegfinanzierung (z.B.

---

[24] Vgl. Heinrich (2001), S. 228f; Schulze (2005), S. 117ff.
[25] Vgl. Wirtz (2008), S. 182f.
[26] Vgl. Meffert/Burmann/Kirchgeorg (2008), S. 653.
[27] Vgl. Wirtz (2008), S. 183f.
[28] Vgl. Gläser (2010), S. 125.

Einnahmen aus dem Verkauf von Werberaum) gedeckt werden können.[29] In der Praxis finden sich zahlreiche Mischformen und verschiedene Modelle zur Finanzierung.

Um die Herstellungskosten des Produktionsprozesses von Inhalten zu refinanzieren, agieren Verlage traditionell auf einem dualen Markt. Die Leser von redaktionellen Angeboten (Print und Online) dienen dabei als Zielgruppe für die Produkte der werbetreibenden Industrie. Durch den Verkauf von Anzeigenplätzen in ihren Angeboten sichern sich die Verlage zusätzliche Einnahmen.

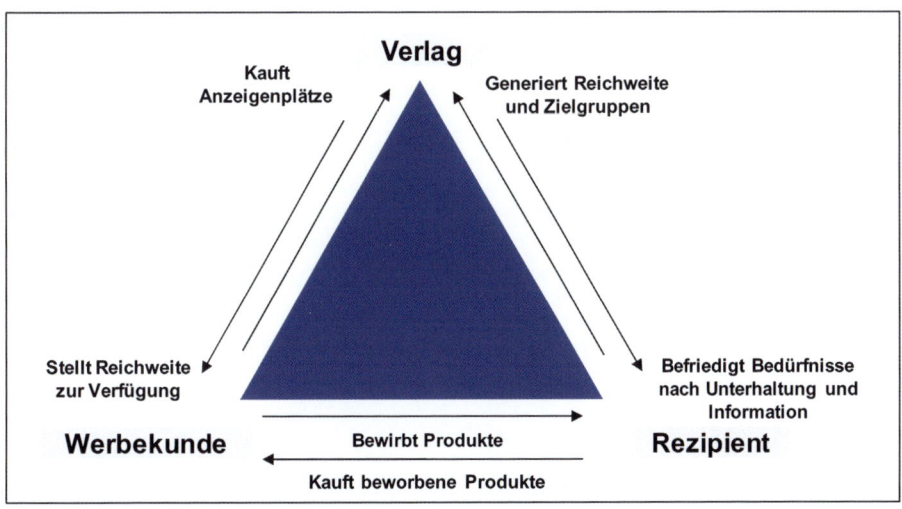

Abb. 3 | Dreiecksbeziehung werbefinanzierter Medien[30]

Verlagsprodukte stellen somit aus ökonomischer Perspektive Kuppelprodukte dar: Sie vertreiben sowohl Informationen als auch Werbebotschaften an die Endkunden (Rezipienten).[31] In der Literatur liegen unterschiedliche Angaben zugrunde, wie hoch die Einnahmen aus dem Verkauf von Werbung sind. Mehrheitlich wird von einer 50-70%-Finanzierung durch Werbekunden ausgegangen, woraus eine hohe Abhängigkeit der Verlage von werbetreibenden Unternehmen resultiert.[32] Deren Ausgaben für werbliche Maßnahmen sind stark von der wirtschaftlichen Lage abhängig und somit anfällig für konjunkturelle

---

[29] Vgl. Sigler (2010), S. 18ff.
[30] In Anlehnung an Gläser (2010), S. 148.
[31] Vgl. Beck (2002), S. 124ff.
[32] Vgl. Heinrich (2001), S. 211f; Wirtz (2008), S. 189f.

Schwankungen. Eine steigende Reichweite durch eine größere Leserschaft geht mit steigenden Einnahmen aus dem Verkauf von Anzeigenraum einher. Die Gewinne können in die Verbesserung des Angebots und der redaktionellen Qualität investieren werden. Diese Abhängigkeit wird im Print- und Onlinebereich als *Anzeigen-Auflagen-Spirale* bezeichnet.[33]

2.3 Definition und Einordnung von Content

Die Produktion von Informationen, die in Form von verwertbaren Inhalten (engl. Content) gebündelt werden, stellt das Ergebnis des Wertschöpfungs- und Leistungsprozesses der Printverlage dar. Damit ist Content „the key resource of the information economy".[34] Der Begriff Content unterliegt, je nach Kontext, abweichenden Definitionen. Aus Sicht der Speicherung und Verwaltung von digitalen Gütern beschreibt *Gläser (2008)* Content als „die um Metadaten ergänzte Essence."[35] Diese steht dabei als das Ergebnis der originären Arbeit von Printverlagen (dem Erstellen und Aufbereiten von Informationen in Form von Bild, Text, Ton und Bewegtbild). Im Rahmen einer digitalen Speicherung werden diesen Inhalten Metadaten (beschreibende Informationen) hinzugefügt, die Auffindbarkeit und effiziente Weiterverarbeitung (i.S. einer Mehrfachverwertung) gewährleisten. Wird mit diesem Content ein Recht zur Nutzung (z.B. der Verkauf von Lizenzen) verbunden, entsteht ein *Asset*.

Content stellt somit ein immaterielles Gut dar, dessen Erzeugung und Speicherung materielle Hilfsgüter verlangt.[36]

---

[33] Vgl. Bonfadelli/Jarren /Siegert (2005), S. 222.
[34] Vgl. McGovern/Norton (2002), S. 24.
[35] Vgl. Gläser (2010), S. 391; Hass (2006), S. 379.
[36] Vgl. Choi/Stahl/Whinston (1997), S. 60ff.

2.3.1 Marktfähigkeit und besondere Gütereigenschaften von Content

Content zeichnet sich durch Immaterialität aus. Dadurch ist er leicht reproduzierbar und verbraucht wenige Ressourcen in Bezug auf seine Lagerung. Diese findet in einer Datenbank (*Content-Management-System*) statt, in der die produzierten Inhalte digital und medienneutral archiviert werden. Diese Art der Speicherung ermöglicht es, Content kostengünstig zu archivieren und jederzeit für eine medienübergreifende Weiterverwertung zu verwenden.[37]

Da redaktionelle Inhalte individuell und jeweils neu produziert werden, ergeben sich hohe Herstellungskosten (*First Copy Costs*). Die „erste Kopie" ist dementsprechend mit einem hohen finanziellen Aufwand verbunden, durch den ein großes finanzielles Risiko entsteht falls der erhoffte Markterfolg nicht eintritt (*Sunk Costs*).[38] Die *First Copy Costs* fallen unabhängig von der Anzahl der Nutzer an (fixe Kosten). Die Kosten der Vervielfältigung tendieren bei einem digitalen Gut gegen Null, da durch den immateriellen Charakter keine variablen Stückkosten anfallen.[39] Content, der digital angeboten wird, kann zeitgleich von mehreren Rezipienten genutzt werden, ohne dass sich der Nutzen für den Einzelnen verringert.[40] *Rivalität im Konsum* besteht demnach nur bei den Kopien auf einem materiellen Trägermedium, jedoch nicht beim Inhalt.[41] Weiterhin gilt für Content, dass ein *Ausschluss vom Konsum* auch durch technische Schranken nicht vollständig möglich ist. Zahlreiche Informationen (besonders im Bereich der General-Interest Nachrichten) können nicht geschützt werden. Beispielhaft sind hier politische Informationen zu nennen. Deren Konsum ist sogar staatlich erwünscht, un-

---

[37] Vgl. Rawolle (2002), S. 53ff. Es fallen lediglich Kosten für die Anmietung von Datenträgern (z.B. Server) an.
[38] Vgl. Wöhe (2010), S. 941.
[39] Vgl. Wirtz (2008), S. 34; Beck (2002), S. 224.
[40] Vgl. Gläser (2010), S. 142.
[41] Vgl. Kiefer (2005), S. 146.

abhängig davon, ob Teile der Gesellschaft sich den Zugang zu diesen leisten können.[42]

Content-Angebote weisen die Charakteristika einer Dienstleistung auf. Sie sind (ebenfalls) immateriell und verlangen die Integration eines externen Faktors - nämlich den Rezipienten, an dem die Dienstleistung erbracht wird. Die Qualität kann analog zu Dienstleistungen erst nach der Nutzung abschließend beurteilt werden (Informationsparadoxon). Content-Angebote unterliegen somit den Eigenschaften eines Vertrauens- und Erfahrungsgutes.[43]

2.3.2 Paid Content und Paid Services

Die Begriffe Paid Content, Paid Services und auch der übergeordnete Begriff E-Commerce werden vielfach synonym verwendet und erfordern eine Abgrenzung.

Eine allgemein gefasste Definition des Begriffes *E-Commerce* geben *Picot/ Reichwald/ Wigand (2003)*. Für Sie ist *E-Commerce* „jede Art wirtschaftlicher Tätigkeit auf der Basis elektronischer Verbindungen."[44] Damit ist eine Abgrenzung zum Begriff Paid Content jedoch noch nicht eindeutig.

Kotler/ Bliemel (2001) definieren *E-Commerce* als Überbegriff für die Abwicklung digitaler Transaktionen.[45] Charakteristisch ist, dass diese Transaktionen zwischen (mindestens) zwei Wirtschaftssubjekten digital angebahnt, ausgehandelt und abgewickelt werden. Resultat dieses Transaktionsprozesses kann dabei aber auch die Distribution eines physischen Produktes an den Nachfrager sein.[46]

Paid Content beschreibt hingegen ausschließlich die kostenpflichtige Nutzung und/oder den Vertrieb von digitalen Inhalten über technische

---

[42] Redaktionelle Inhalte haben oftmals den Charakter meritorischer Güter.
[43] Vgl. Wirtz (2008), S. 31f; Clement /Schreiber (2010), S. 119.
[44] Vgl. Picot/Reichwald/Wigand (2003),S. 23.
[45] Vgl. Kotler/Bliemel (2001), S. 1220.
[46] Als Beispiel dient der Onlineversandhändler Amazon, bei dem der Kaufvorgang elektronisch erfolgt, das gelieferte Produkt aber materiell sein kann.

Infrastrukturen direkt an den Nutzer.[47] Dabei gliedert sich Paid Content in unterschiedliche Angebotstypen, Formate und Themen.[48] Die Zahlung eines Entgelts kann den Zugang zu einem Content-Angebot und damit einhergehend ein Recht zur Nutzung ermöglichen.[49] Alternativ entsteht eine Eigentumsübertragung, wenn mit dem Zugriff auf den Content durch die Zahlung ein Recht auf eine formatgebundene Erlangung des Produktes einhergeht. Ein Beispiel ist der Download eines Artikels im *PDF-Format* auf dem eigenen Computer, der eine wiederholte Nutzung erlaubt.[50] Der Wegfall von Absatzmittlern durch den Vertrieb über technologische Infrastrukturen wird in diesem Zusammenhang als Disintermediation bezeichnet.

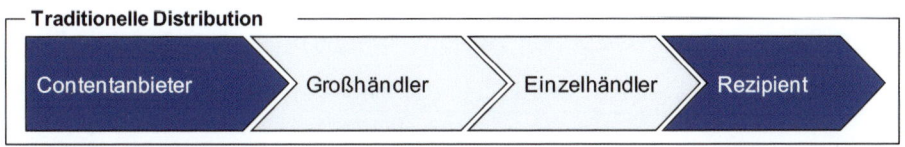

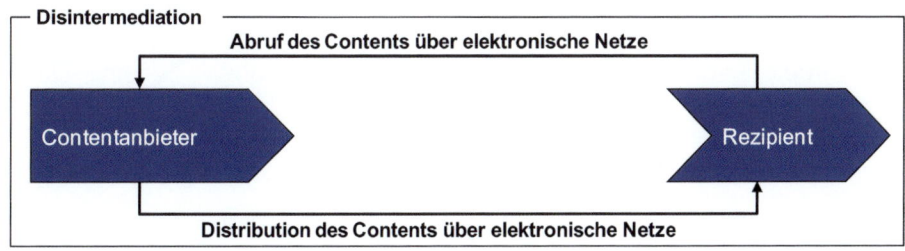

Abb. 4 | Disintermediation bei PCA[51]

Der Begriff *Premium Content* beschreibt die Inhalte, die aus Sicht des Anbieters einen Mehrwert für den Konsumenten darstellen und somit für ein PCA geeignet sind. Dieser Mehrwert wird primär von den Faktoren Qualität, Exklusivität, Aktualität und Nutzwert abhängig gemacht, die jedoch einer subjektiven Einschätzung unterliegen.[52]

---

[47] Nutzer wird hier synonym mit dem Begriff Kunde verwendet und bezieht sich auf Endkunden des Transaktionsprozesses (B2C).
[48] Vgl. Stahl (2005), S. 10; hierzu auch Kap. 3.
[49] Bspw. das einmalige Abrufen und Lesen eines Artikels auf einer Website.
[50] Vgl. Stahl (2005), S. 41ff.
[51] In Anlehnung an Fritz (2001), S. 130.
[52] Vgl. Tomsen (2001), S. 75ff.

Paid Services beschreiben nicht den Vertrieb von digitalen Produkten im Sinne eines Contentverkaufs. Das Angebot ergibt sich aus Dienstleistungen, die komplett digitalisiert sind und eine aktive Interaktion des Rezipienten verlangen.[53] Ein Beispiel dafür ist die Nutzung einer gebührenpflichtigen Handelsplattform (z.B. *ebay.de*). Auch die Nutzung kostenpflichtiger Onlinearchive wird als *Paid Service* definiert.

2.4 Grundlagen des Mediennutzungsverhaltens

Die Untersuchung des Mediennutzungsverhaltens bezieht sich auf die Inanspruchnahme von Medien durch den Rezipienten in Bezug auf die Auswahl (welches Medium), die Nutzungsmotive und -intensität (Dauer, Häufigkeit) und die Rezeption (welche Inhalte). Die Ergebnisse dieser Forschungen lassen Rückschlüsse auf das Verhalten der Rezipienten zu und ermöglichen eine nach Nutzersegmenten differenzierte Betrachtung der Mediennutzung.[54]

Wird heute von Mediennutzungsverhalten gesprochen, ist eine Differenzierung zwischen den mediennutzenden Generationen vorzunehmen („*Generation Gap*").[55] *Marc Prensky* definiert diejenigen Nutzer, die nach 1993 geboren und mit den digitalen Technologien und Medien wie Internet und Mobilfunkgeräten aufgewachsen und sozialisiert sind, als *Digital Natives*. „Computer games, email, the internet, cell phones and instant messaging are integral part of their lives."[56] Bei dieser Nutzergruppe liegt die Annahme zugrunde, dass Sie durch die Erweiterung kognitiver Fähigkeiten digitale Informationen schneller wahrnehmen und verarbeiten können, und eine Affinität zu elektronischen Medien aufweisen.[57] *Digital Immigrants* sind nach der Definition die Generation, die ohne digitale Medien aufgewachsen ist und in Studien zum Mediennutzungsverhalten bei den *Neuen Medien* (Internet, *Social Media*) noch

---

[53] Vgl. Büttgen (2003), S. 79f.
[54] Vgl. Meyen. (2004), S. 53ff.
[55] Vgl. Sigler (2010), S. 37.
[56] Vgl. Prensky (2001), S. 1.
[57] Vgl. Tapscott/Williams (2009), S. 45.

stark unterrepräsentiert ist. Allerdings zeichnet sich hier ein Wandel in der Nutzung ab: Im Internet wächst die Zahl der „Silver Surfer"[58], sodass diese Generation an Bedeutung für die werbetreibende Industrie und die Anbieter kostenpflichtiger Internetangebote gewinnt.[59] Damit einhergehend herrscht in der Literatur die Annahme, dass *Digital Immigrants* ihr Nutzungsverhalten langfristig dem der *Digital Natives* anpassen.[60]

Durch die Verschiebung des Medienkonsums ins Internet ist eine deutliche Tendenz bzgl. des Nutzungsverhaltens von Printmedien dieser Generationen zu erkennen. Während *Digital Natives* weniger stark Printprodukte nachfragen, weist die Generation, die mit dieser Art des Medienkonsums sozialisiert wurde, eine deutlich höhere Nutzungsintensität auf.[61]

2.5 Das Internet – Entwicklung und Verhalten der Marktteilnehmer

In den 1960er Jahren fanden die ersten Versuche statt, verschiedene Computernetzwerke in einer Infrastruktur zu bündeln und somit ein großes Netzwerk zu erschaffen.[62] Die Etablierung des *HTML-Standards*[63] *durch Tim Berners-Lee* im Jahr 1989 beeinflusste die Weiterentwicklung des Internets in Bezug auf die Ergänzung multimedialer Inhalte drastisch.[64]

2.5.1 Von den Anfängen bis zum Web 2.0

Der Übergang zur privaten Nutzung Mitte der 1990er Jahre und die damit einhergehende exponentiell wachsende Anzahl der Nutzer ver-

---

[58] Der Begriff beschreibt die Generation *60+*.
[59] Vgl. Van Eimeren/Frees (2010), S. 335.
[60] Vgl. Deutscher Dialogmarketing Verband (2010), S. 95f.
[61] Vgl. Sen (2011), S. 5.
[62] Vgl. Peters (2010), S. 4; Meisner (2006), S. 10ff.
[63] *Hypertext Markup Language* – Programmiersprache auf deren Basis multimediale Inhalte im Internet dargestellt werden können.
[64] Vgl. Gillies/Cailliau (2000), S. 175.

änderte die gesellschaftlichen und wirtschaftlichen Prozesse drastisch.[65] Durch den entstanden Bedarf der Informationsaufnahme über das Internet mussten Unternehmen zum Zweck der Selbstdarstellung im Internet vertreten zu sein. Weiterhin waren sie gezwungen, ihre Produkte über den neuen Vertriebskanal anzubieten, um in einem globaler werdenden Wettbewerb bestehen zu können.[66] Durch die Möglichkeit, rein digitale Produkte und Dienstleistungen im Internet anzubieten und zu vertreiben, entstand mit der Internetökonomie ein neuer Wirtschaftszweig. Dessen Unternehmen (z.B. Netzwerke wie *Facebook* oder *LinkedIn*) sind in kurzer Zeit zu global agierenden Konzernen gereift, die das produzierende Gewerbe von physischen Gütern (*Old Economy*) in Umsätzen und Unternehmensbewertungen übertreffen.[67]

Das Internet bietet die Möglichkeit, Informationen gleichermaßen an ein breit gestreutes Publikum, aber auch zugeschnitten auf ein Individuum zu verbreiten. Die technische Infrastruktur erlaubt dabei eine genaue Analyse der Nutzungsgewohnheiten der User[68] und macht eine individuelle Ansprache mit Inhalten und Werbung möglich.[69]

Social Media

War das Internet bis zur Jahrtausendwende hauptsächlich ein Informations- und Unterhaltungsmedium, hat es sich durch den Übergang zum Web 2.0 zu einem Medium der sozialen Interaktion gewandelt. Der Begriff (geprägt durch *Tim O´Reilly* 2004[70]) beschreibt dabei eine Veränderung der Internetstruktur durch neue Technologien und erweiterte Funktionalitäten. Im „neuen Web" ist der Rezipient nicht mehr bloßer Konsument von Inhalten, sondern er nimmt aktiv an deren Produktion

---

[65] Vgl. Hofer (2000), S. 35ff.
[66] Vgl. Szyszka (2004), S. 71.
[67] Vgl. http://blog.handelsblatt.com/globalmarkets/2011/05/19/die-ipo-welle-rollt-ein-warnsignal/ (08.08.2011).
[68] Z.B. Page Impressions oder Cookie Tracking.
[69] Vgl. Shapiro/Varian (1999), S. 19f.
[70] Vgl. Sigler (2010), S. 33.

teil (Prosumption).[71] Diese von Nutzern erstellten Inhalte (User Generated Content) haben erheblichen Einfluss auf die Wertschöpfung von Medienunternehmen, da die Trennung von Ersteller und Nutzer aufgehoben wird. Für die Nutzer bieten weiterhin zahlreiche Plattformen die Möglichkeit, selbsterzeugte Inhalte auszutauschen. Zentrale Bestandteile, die für die PCA der Printverlage eine Rolle spielen, sind Weblogs, Social Bookmarks und Social Networks.

Weblogs sind (meist private) Internetseiten, auf denen Texte, Bilder und Videos veröffentlicht werden.[72] User können mithilfe vorgefertigter redaktioneller Systeme (z.B. Wordpress) ohne Vorkenntnisse ein Weblog erstellen und Inhalte veröffentlichen.

Social Networks sind Beziehungsnetzwerke, die private (z.B. Facebook) oder berufliche (z.B. Xing) Kontakte verknüpfen. Die Nutzer erstellen persönliche Profile und gehen interaktive Freundschaften ein.[73] Die daraus entstandenen veränderten Kommunikationsbeziehungen stellen eine Neuheit dar, die „keine Entsprechung unter den klassischen Medien findet".[74]

Auf Social Bookmarking Sites können Nutzer Internetadressen (z.B. Nachrichtenartikel) in Form eines digitalen Lesezeichens abspeichern. Social Bookmarking Dienste (z.B. del.icio.us) listen nach einem gewünschten Suchmuster (z.B. Thema, Datum) die meist gelesenen Artikel auf und verweisen auf derzeit beliebte Inhalte im Internet.[75]

Das Bewerten und Empfehlen von Inhalten (Indexieren, Tagging) spielt für die PCA eine bedeutende Rolle. Tagging ermöglicht jedem Nutzer, seine Wertschätzung gegenüber einem Inhalt, der im Internet veröffentlicht wurde, auszudrücken.[76] Die Möglichkeit, Inhalte zu bewerten und weiterzuempfehlen, ist inzwischen durch das rasante Wachstum von Sozialen Netzwerken überwiegend in die Inhalte von Internetangeboten

---

[71] Vgl. Meffert/Burmann/Kirchgeorg (2008), S. 667.
[72] Vgl. Busemann/Gscheidel (2010), S. 361.
[73] Vgl. Lange/Weinberg (2010), S. 4.
[74] Vgl. Meffert/Kirchgeorg/Burmann (2008), S. 669.
[75] Vgl. Emrich (2008), S. 187.
[76] Vgl. Gust von Loh, (2008), S. 227.

eingebunden. Dadurch wird ein Einblick in die Präferenzen anderer User und der Kontakte innerhalb des eigenen Netzwerkes möglich.[77]

2.5.2 Die Zahlungsbereitschaft im Internet – „Free Lunch Mentalität"

Mankiw / Taylor (2008) definieren Zahlungsbereitschaft als den „Höchstbetrag, den ein Käufer für ein Gut zu zahlen bereit ist."[78] Wie hoch die Zahlungsbereitschaft ist, unterscheidet sich individuell nach den zur Verfügung stehenden finanziellen Ressourcen und den persönlichen Präferenzen. Dabei stehen Konsumenten vor abzuwägenden Alternativen: Der Kauf eines Produktes erfolgt auf Kosten einer alternativen Verwendungsmöglichkeit, da die finanziellen Mittel nicht mehr zur Verfügung stehen.[79]

Durch die anfänglich nicht kommerzielle Ausrichtung des Internets und das kostenlose Angebot von Inhalten entstand die Verbraucherhaltung, dass Inhalte im Internet kostenfrei zur Verfügung stehen. Die Möglichkeit, digitale Inhalte kostenlos und aufwandsfrei zu tauschen (*Sharing*), führte zur Ausbildung einer Gratis-Mentalität, deren Konsequenzen anfänglich besonders die Musik- und die Filmindustrie zu spüren bekamen.[80]

Der Ökonom *Milton Friedman* versuchte schon vor der Entstehung des Internets mit seinem Buch *„There´s no Such Thing as a free lunch."*[81] Einfluss auf diese Verbraucherhaltung zu nehmen. Die Botschaft, die hinter dieser Aussage steht, beschreibt, dass jedes Gut produziert werden muss und somit auch Kosten für dessen Herstellung anfallen.

Besonders für den redaktionellen Content der Verlage ist im Internet nur eine sehr geringe Zahlungsbereitschaft vorhanden, da zahlreiche

---

[77] Vgl. Tapscott/Williams (2009), S. 41f.
[78] Vgl. Mankiw/Taylor (2008); S. 160.
[79] Vgl. Edling (2006), S. 14.
[80] Vgl. Lihotzky (2003), S. 122f.
[81] Vgl. Friedman (1975).

Free Content-Anbieter existieren. Die stärkste Zahlungsbereitschaft für Online Content besteht bisher für Spiele und für Videoangebote.[82] Auch der Absatz von kostenpflichtigen Musiktiteln über das Internet hat sich in den vergangenen Jahren dynamisch entwickelt, seit die Musikindustrie durch den Erfolg mobiler Abspielgeräte (*MP3-Player*) eine große Nachfrage nach digitalen Musiktiteln verzeichnete. Durch einen benutzerfreundlichen Einkaufsprozess und ein ubiquitäres Angebot hat besonders das kostenpflichtige Musikdownloadportal *iTunes* zur Korrektur der Gratismentalität im Online-Musikbereich beigetragen und einen Mehrwert gegenüber der illegalen Beschaffung erzeugt.[83]

2.6 Herausforderungen durch konvergierende Märkte

Die durch das Internet ausgelösten Veränderungen in Bezug auf Geschäftsmodelle, Produktionsprozesse und technische Innovationen, werden als *Digitale Revolution* bezeichnet.[84]

Das Internet und die Digitalisierung von Inhalten ermöglichte für Unternehmen erstmals eine transaktionskostenminimale und nahezu produktionskostenfreie Produktion und Distribution ihrer Produkte. Die daraus resultierende Annäherung der Bereiche Medien, Informationstechnik, Telekommunikation und Unterhaltungselektronik (*TIME-Branche*), wird als Medienkonvergenz bezeichnet.[85] Hauptmerkmal dieser Konvergenz ist die Annäherung der Wertschöpfungsketten und Produkte der Unternehmen, die Elemente aller Branchen miteinander kombiniert.[86] Für die Verlage haben sich dadurch neue Möglichkeiten zur Verwertung ihres Contents ergeben. Die Strategien und Konzepte, die heute als *Crossmedia* und *Content Syndication* beschrieben werden, bezeichnen lukrative Formen der Mehrfachverwertung von Inhalten. Die *Financial Times Deutschland* (*FTD*) erweist sich als Beispiel für eine exzessive

---

[82] Vgl. Nielsen Company (2010), o.S.
[83] Vgl. Clement/Schusser/Papies (2008), S. 39ff.
[84] Vgl. Tapscott/Williams (2009), S. 188.
[85] Vgl. Meisner (2006), S. 17ff.
[86] Vgl. Schmidt (2007), S. 110.

Nutzung dieser Möglichkeiten.[87] Im Rahmen der Syndikation von Inhalten werden die erstellten Inhalte an private Radiosender verkauft. Nach der Strategie, die Marke crossmedial auf allen zur Verfügung stehenden Kanälen zu nutzen, unterhält die *FTD* zwei Zeitungen (*FTD* und *FTD kompakt*), einen Internetauftritt mit Download-Archiv sowie Applikationen für mobile Endgeräte.

Eines der zentralen Ergebnisse der Konvergenz ist die Entstehung dieser multifunktionalen Endgeräte, die den zeit- und ortsungebundenen Abruf von multimedialen Inhalten ermöglichen.

Smartphones (z.B iPhone) sind mit einem Betriebssystem ausgestattete Mobilfunkgeräte, in denen die Funktionen vormals getrennter Geräte (z.B. Organizer, Digitalkamera, Computer) vereint sind.[88] Spezielle Softwareanwendungen (*Applikationen*) stellen eine Zusatzleistung dar, mit denen die Standardausführung des Mobiltelefons erweitert und individualisiert werden kann.[89]

Tablet PC´s (z.B. iPad) verfügen über die Funktionen eines Smartphones im Bezug auf Internetfähigkeit und die Erweiterung durch Applikationen, sind aber keine Mobilfunkgeräte.[90] Der Unterschied für Nutzer beim Abruf redaktioneller Inhalte liegt in einem größeren Display und somit einer größeren Darstellung Seiten und Inhalten.

.

---

[87] Vgl. hier und im Folgenden Gläser (2010), S. 156.
[88] Vgl. Pousttchi/Turowksi (2003), S. 68.
[89] Vgl. Amberg/Lang (2011), S. 308.
[90] Vgl. http://www.itwissen.info/definition/lexikon/Tafel-PC-tablet-PC.html (08.08.2011).

Kapitel 3 Untersuchung des digitalen Gutes Content und seiner Vermarktung

Der Untersuchungsgegenstand und die Möglichkeiten seiner Vermarktung erfordern eine Analyse des Gutes Content. Wie im vorangegangenen Kapitel dargestellt wurde, ist das Objekt des Tauschs gegen ein Entgelt der produzierte Inhalt in Form von digital aufbereiteten Informationen. Dabei unterliegt Content im Gegensatz zur Vermarktung materieller Güter abweichenden Eigenschaften, die den Aufbau eines Geschäftsmodells erschweren.

3.1 Marktfähigkeit von Content - Der Wert einer Information

Der Charakter eines Erfahrungsguts, die Struktur und das bisher kostenlose Angebot von Content, stellen veränderte Anforderungen an die Wertbestimmung und die Transformation in ein Geschäftsmodell.[91] In der klassischen ökonomischen Theorie werden mithilfe der Prinzipen *Nichtausschlussfähigkeit* und *Konsumrivalität* verschiedene Arten von marktfähigen Gütern klassifiziert. Bezogen auf die Produkte von Medienunternehmen erfolgt literaturübergreifend eine Unterscheidung zwischen Privaten, Öffentlichen und Kollektivgütern.

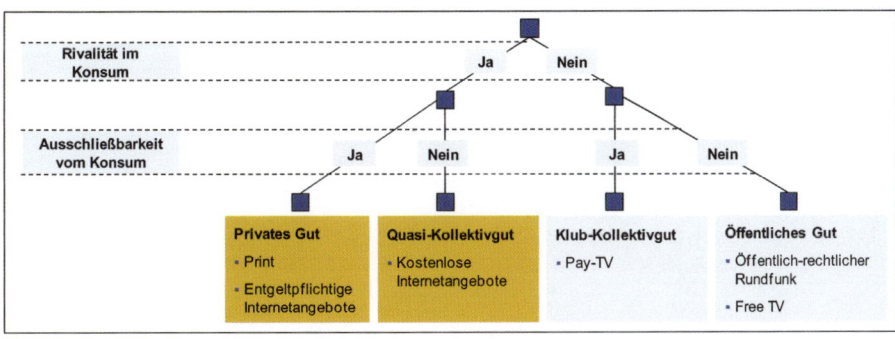

Abb. 5 | Gütertypologie[92]

Kostenpflichtiger Content fällt nach dieser Definition in die Kategorie der privaten Güter. Die Anbieter können Nutzer, die nicht bereit sind ein

---

[91] Vgl. Shapiro/Varian (1999), S. 42.
[92] In Anlehnung an Gläser (2010), S. 142; Wirtz (2008), S.28.

Entgelt zu leisten, zumindest technisch vom direkten Konsum des Inhalts ausschließen. Hierzu muss eine technologische Barriere (Bezahlschranke) implementiert werden, was mit Kosten für die Entwicklung und für ein administratives System, welches die Zugangsberechtigungen verwaltet, verbunden ist.

Die kostenfreien Internetangebote der Verlage fallen unter die Kategorie der Quasi-Kollektivgüter. Ein Ausschluss vom Konsum wird nicht vorgenommen, Rivalität im Konsum besteht nur, wenn nicht alle Nutzer auf den Inhalt zugreifen können (z.B. aufgrund einer Überlastung der technischen Infrastruktur).[93]

3.1.1 Wertbestimmung aus Anbietersicht

Die Preiskalkulation für materielle Güter wird anhand dreier Dimensionen vorgenommen. Diese beziehen sich auf die Kosten der Herstellung, dem Kundennutzen und der daraus resultierenden Zahlungsbereitschaft sowie der Orientierung am Wettbewerb.[94]

Für Content lässt sich das klassische ökonomische Modell der **kostenbasierten Preisgestaltung** nicht mehr anwenden. Durch die Immaterialität von Content fallen bei dessen Bereitstellung keine Vervielfältigungskosten (variable Kosten) an. Der durch Skalen- und Netzwerkeffekte erwirtschaftete Ertrag steigt also mit zunehmender Anzahl der Rezipienten. Diese zusätzlichen Erlöse resultieren entweder aus dem Verkauf von Produkten an Endkunden oder dem Verkauf von Anzeigenplätzen an Werbekunden. Bei Content ist es irrelevant, durch wie viele Rezipienten dieser konsumiert wird, da die Kosten durch jede zusätzliche Inanspruchnahme gegen Null tendieren. Daher ist es für die Verlage sinnvoll, die Inhalte so breit wie möglich zu streuen und möglichst viele Rezipienten zu erreichen.[95] Je höher die Anzahl der konsumierten Einheiten ist, desto stärker sinken die Stückkosten, da der hohe Fixkos-

---

[93] Vgl. Wirtz (2008), S. 28.
[94] Vgl. Meffert/Burmann/Kirchgeorg (2008), S. 524ff.
[95] Vgl. Gläser (2008), S. 143; Beck (2002), S. 226f.

tenanteil auf eine größere höhere Nutzerschaft verteilt wird (Fixkostendegression).[96] Bei einem Inhalt, der im Internet angeboten wird, müsste der Anbieter im Vorfeld wissen, wie viele Nutzer diesen Inhalt abrufen, um die Herstellungskosten linear auf alle Nutzer zu verteilen und somit einen fairen Preis für alle zu schaffen. Da dies nicht planbar ist, versagt die kostenorientierte Preissetzung für Content.[97]

Die **nutzenorientierte Sichtweise**, die sich an dem Nutzen des Gutes für den Kunden bemisst und so versucht, dessen Zahlungsbereitschaft einzuschätzen, erweist sich ebenfalls als problematisch. Der Erfahrungsgutscharakter von Medieninhalten erschwert eine an den Nutzerpräferenzen ausgerichtete Bepreisung, da die Qualität immer subjektiv eingeschätzt wird. Diese Divergenz bildet allerdings zugleich die Basis für ein preispolitisches Instrument. Durch Preisdifferenzierung wird eine Produktdifferenzierung für Content-Angebote vorgenommen. Das Angebot wird dabei für verschiedene Marktsegmente gemäß den Präferenzen der jeweiligen Rezipienten ausgestaltet.[98] Durch verschiedene Angebotsmodelle und Preise wird versucht, die Zahlungsbereitschaften verschiedener Zielgruppen abzuschöpfen.[99] Dabei können zwei Formen der Preisdifferenzierung für Content-Angebote unterschieden werden. Bei der Form **ohne Selbstselektion** werden gruppenbezogene Preise festgelegt (z.B. für Studenten). Bei der Preisdifferenzierung **mit Selbstselektion** wird der Content durch Produktdifferenzierung in verschiedenen Varianten angeboten (qualitativ, quantitativ, zeitlich).[100]

---

[96] Vgl. Wöhe (2008), S. 312.
[97] Vgl. Choi/Stahl/Whinston (1997), S. 330.
[98] Vgl. Vizjak/Ringlstetter (2001), S. 11.
[99] Vgl. Brandtweiner (2000), S. 80f.
[100] Vgl. Zerdick et al. (2001), S. 80ff; Theyson/Propkowicz/Skiera (2005), S.173ff.

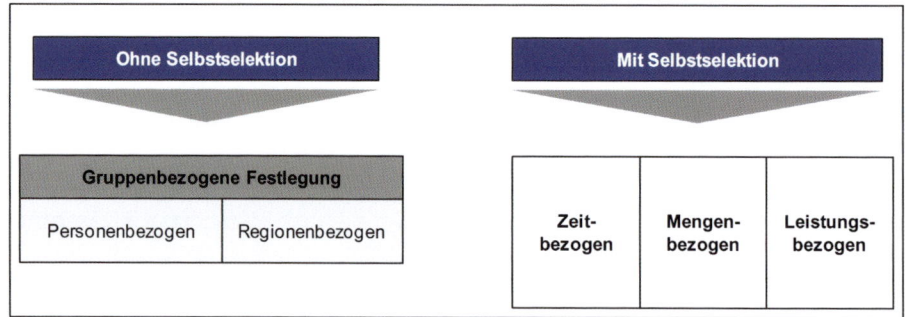

Abb. 6 | Möglichkeiten der Preisdifferenzierung[101]

Die dritte Form der Preiskalkulation erfolgt anhand einer **Orientierung am Wettbewerb**. Diese Form der Preisgestaltung ist leicht umzusetzen, wenn bereits identische Produkte gehandelt werden, was bei traditionellen Mediengütern wie Zeitungen und Zeitschriften möglich ist. Für PCA fehlen jedoch bisher gültige Preismodelle, da von Seiten der Verlage noch experimentiert wird.[102] Da Content-Angebote im Internet keine knappen Güter sind, erweist sich die Durchsetzung hoher Preise als schwierig. Informationen sind omnipräsent und immer über öffentlich-rechtliche Kanäle kostenlos zu empfangen. Solange diese Kanäle das Bedürfnis nach Information abdecken, muss von PCA ein deutlich höherer Nutzen für den Kunden ausgehen. Auch das Angebot an *User Generated Content* (z.B. in Form von Weblogs) steht immer kostenfrei zur Verfügung.

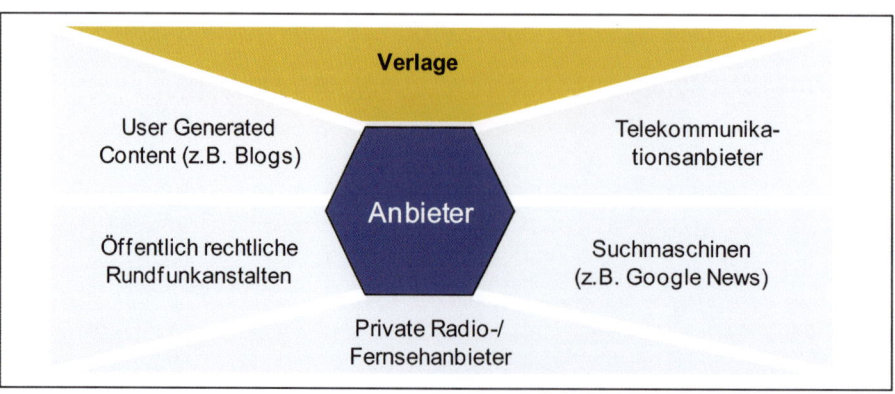

Abb. 7 | Alternative Anbieter von Content im Internet[103]

---

[101] In Anlehnung an Theyson/Propkowicz/Skiera (2005), S.174.
[102] Vgl. Anding (2004), S. 172ff.
[103] Eigene Darstellung.

3.1.2 Wertbestimmung aus Nachfragersicht

Aus Sicht des Rezipienten kann Content anhand verschiedener Kriterien einen Wert darstellen. Die zentralen Werttreiber sind dabei die Qualität, der Nutzwert, die Aktualität und die Exklusivität der Inhalte.

Die **Qualität von Inhalten** wird aufgrund des Dienstleistungscharakters anhand des Leistungsniveaus, welches sie repräsentieren, bewertet. Wie erfolgreich dieses Niveau erreicht wurde, wird von dem Leistungsempfänger absolut subjektiv und individuell beurteilt.[104] Aufgrund des Erfahrungsgutcharakters von Content und den damit verbunden Informationsasymmetrien, kann dessen Qualität erst nach der Nutzung beurteilt werden. Die qualitative Bewertung ist außerdem immer in einem Spannungsverhältnis zu betrachten, da die gelieferte Leistung immer den subjektiven Erwartungen an diese gegenüber steht. Der Anbieter kann jedoch bereits vor der Nutzung Einfluss auf den Abbau von Informationsasymmetrien nehmen.

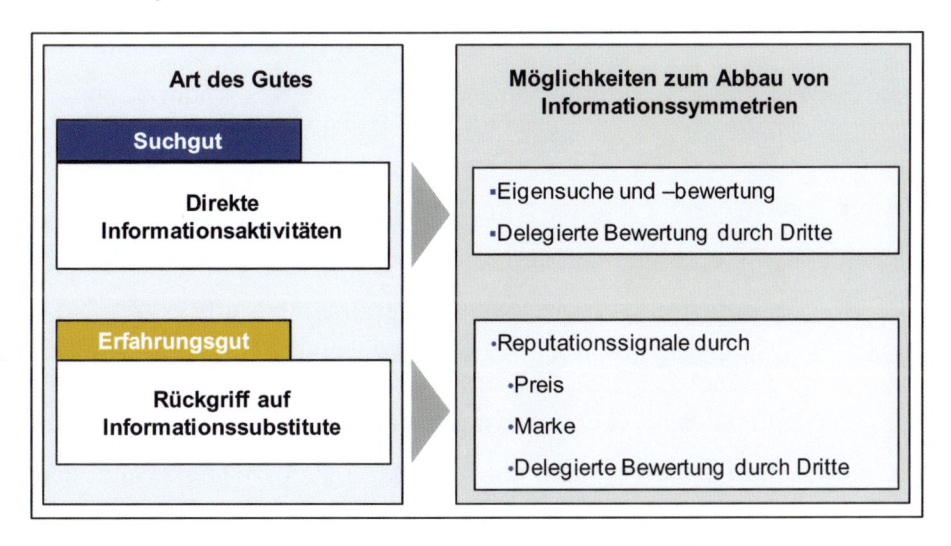

Art des Gutes	Möglichkeiten zum Abbau von Informationssymmetrien
Suchgut Direkte Informationsaktivitäten	• Eigensuche und –bewertung • Delegierte Bewertung durch Dritte

Erfahrungsgut
Rückgriff auf Informationssubstitute
	• Reputationssignale durch
	  • Preis
	  • Marke
	• Delegierte Bewertung durch Dritte

Abb. 8 | Möglichkeiten zum Abbau von Informationsasymmetrien[105]

Die Reputation der Marke ist ein erster Ansatzpunkt, um Vertrauen gegenüber der gelieferten Qualität aufzubauen. Die Empfehlung von Personen aus dem Umfeld verstärkt den Abbau von Informationsasymmetrien, da ein Vertrauensverhältnis durch gleiche Präferenzen vorliegt.

---

[104] Vgl. Bruhn (2008), S. 38.
[105] In Anlehnung an Fink (2002), S. 132.

Der **Nutzwert** für den Konsumenten wird durch die Art der Information bestimmt. Eine Typisierung nach Zweck- und Unterhaltungsinformation liefert *Hass (2002)*:

Informationstyp	Zweckinformation	Unterhaltungsinformation
Gutsart	Investitionsgut	Konsumgut
Finalität	Produktion von Entscheidungen	Produktion von Vergnügen
Vorteilhaftigkeitskriterium	Nutzengewinn	Informationswert
Kaufentscheidung	Rational, geplant	Emotional, häufig spontan
Verderblichkeit	Zeitkritisch	Eher zeitunkritisch
Nutzungsabhängigkeit	Einmalige Nutzung	Mehrfache Nutzung
Vermarktungsproblematik	Informationsparadoxon bedeutsam	Informationsparadoxon gering

Abb. 9 | Typisierung von Informationen[106]

Besonders ist hierbei zu beachten, dass Zweckinformationen zur Unterstützung von Entscheidungen dienen. So verlässt sich ein Anleger auf die Analysen eines Anlegermagazins, da er die notwendigen Informationen, aus der die Empfehlung resultiert (bspw. Kennzahlen des Unternehmens) nicht besitzt bzw. sie nicht versteht und sich deswegen auf einen Vermittler verlässt. Daraus resultiert die Notwendigkeit einer hohen Qualität dieser Informationen um Kunden an das Angebot als verlässliche Informationsquelle zu binden.

Da die Inhalte von Verlagen oftmals tages- oder wochenaktuell sind (Nachrichten, Reportagen), oder zumindest in einem aktuellen Kontext stehen (Verbrauchertests aller aktuell am Markt verfügbaren Notebooks), gewinnen Sie durch den Faktor **Aktualität** an Wert.

Als Ansatzpunkt zur Wertbestimmung nach dem Kriterium Aktualität dient die Unterscheidung nach der klassisch-ökonomischen Gütertheorie zwischen Verbrauchs- und Gebrauchsgütern.[107] Digitale Güter lassen sich ebenfalls in diese beiden Kategorien einteilen. Dabei ist ein digitales Verbrauchsgut eine Information, die schnell an Wert verliert. Exemplarisch sind hier Nachrichten zu nennen, deren Wert durch die Dauer der möglichen Nutzung bestimmt wird. Tagesaktuelle Nachrichten (z.B. politische Entwicklungen) besitzen nur solange einen gestei-

---

[106] In Anlehnung an Hass (2002), S. 66.
[107] Vgl. Dreiskämper (2009), S. 121.

gerten Wert, bis sie von neuen Entwicklungen oder anderen (interessanteren) Nachrichten verdrängt werden. Ein digitales Gebrauchsgut verspricht hingegen einen längerfristigen Nutzen. Als Beispiel dienen hier Statistiken, deren Ergebnisse auch lange nach ihrer Veröffentlichung gültig sind und die somit eine zeitversetzte Nutzung erlauben. Besonders Verbrauchertests (z.B. Stiftung Warentest) haben einen Gebrauchsnutzen, da sich durch ihren Konsum eine fundiertere Entscheidung beim Kauf eines Produktes in Bezug auf das Preis-Leistungs-Verhältnis erzielen lässt.

Weiterhin können der Grad und die Geschwindigkeit der Verbreitung (Diffusion) sich sowohl wertsteigernd als auch wertmindernd auswirken. Der Verbreitungsgrad beschreibt gleichzeitig die **Exklusivität** einer Information.

Ein Exempel bietet sich dabei abermals in der Betrachtung von Börseninformationen. Eine Kaufempfehlung ist dann besonders wertvoll, wenn der Konsument durch einen exklusiven Zugang zu der Information und einer anfänglich geringen Diffusion der Nachricht, diese in einem Kauf umsetzt. Die Information gewinnt nachträglich weiter an Wert, wenn auch andere Marktteilnehmer diese Information erhalten und der Markt auf diese Information reagiert. In diesem Fall hat sich die Diffusion positiv auf den Wert ausgewirkt (positiver Netzeffekt).[108]

Die Literatur der Medienökonomie bezieht Netzeffekte vorwiegend auf technologische Komponenten, obwohl Netzexternalitäten ebenfalls ein wichtiger Faktor für die Bewertung von Informationen sind. Die Inhalte von Verlagen unterliegen oftmals einer sozial-kommunikativen Nutzenkomponente: So empfinden bspw. Rezipienten politischer Medieninhalte es als „umso befriedigender"[109], je mehr Personen die Botschaft erhalten, da ein größerer und vielschichtigerer Diskurs ermöglicht wird. Exemplarisch sind an dieser Stelle auch General-Interest und Boulevardthemen zu nennen, die oftmals einen Wert in der Form darstellen,

---

[108] Vgl. Brack (2003), S. 84f.
[109] Vgl. Pethig (1997), zitiert nach Kiefer (2001), S. 150.

dass der Konsument in seinem sozialen Umfeld „mitreden" kann. Aus dieser Perspektive bewerten Rezipienten Informationen nach ihrem *Konversationswert. Liebowitz (2001)* beschreibt diesen als *Autarky Value,* der sich im Zuge einer kollektiven Diskussion zum *Synchronization Value* erhöht.[110]

3.2 Technische Voraussetzungen für Paid Content-Angebote

Die Nutzung von PCA setzt die Verfügbarkeit einer technischen Infrastruktur voraus. „Digitale Medienprodukte erfordern stets technische Mittel der Übertragung und Darstellung, [...] sowie adäquate Endgeräte."[111] Auf den Webseiten der Verlage wird Content durch *HTML*-Programmierung dargestellt. Alternativ können Inhalte in dem als Standard etablierten *PDF-Format* auf stationäre Computer und mobilen Endgeräte heruntergeladen werden.

Eine weitere Möglichkeit Inhalte zu empfangen und zu konsumieren ist die Installation von Applikationen auf dem Endgerät, die von den Verlagen (je nach Produktdifferenzierung) mit verschiedenen Funktionen angeboten werden. Die Hersteller der Endgeräte vertreiben Applikationen, die auf den Betriebssystemen ihrer Produkte funktionieren, in ihren jeweils eigenen Onlineshops (z.B. *Apple´s App Store* oder *Microsofts Windows Marketplace*). Der Wettbewerb auf dem Markt der Mobilfunkgerätehersteller hat verschiedene Endgeräte und Betriebssysteme hervorgebracht. Die folgende Grafik beschreibt die Marktanteile der verschiedenen Betriebssysteme in Deutschland und macht dabei die Dominanz der Systeme *MacOS* (*Apple´s iPhone*) und Android (*Google*) deutlich.

---

[110] Vgl Liebowitz (1995) in Brack (2003), S. 86.
[111] Vgl. Kuhn (2006), S. 62f.

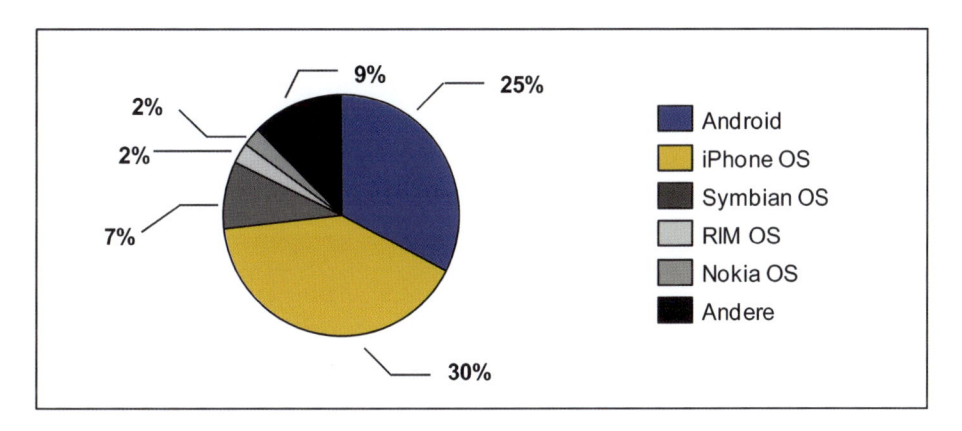

Abb. 10 | Marktanteile der Handybetriebssysteme in Deutschland[112]

Daraus resultiert die Notwendigkeit für die Verlage, unterschiedliche Applikationen für die jeweiligen Endgerätenutzer zu entwickeln und bereitzustellen. Dies ist jedoch mit hohen Entwicklungskosten für die jeweiligen Systeme verbunden, sodass vielfach eine Reduktion auf die meist genutzten Systeme erfolgt.

Bezahlsysteme

Die Bezahlung von Inhalten verlangt ebenfalls technische Infrastrukturen. Auch wenn bereits verschiedene Methoden und Systeme getestet wurden, ist bis heute kein Standard am Markt etabliert.[113] *Micropayment Systeme* ermöglichen die Bezahlung in Kleinstbeträgen, wie sie für den Abruf eines Artikels im Internet anfallen. *ClickandBuy* ist ein weit verbreitetes Bezahlsystem, welches Verlage in ihre Websites integrieren können. Zuerst ist ein Registrierungsprozess notwendig, nachdem Nutzer alle kostenpflichtigen Inhalte im Internet erwerben können, wenn der Anbieter Mitglied bei *ClickandBuy* ist. Dieser muss die Anbindung an das System in seine Website integrieren. Neben der Durchführung und Abrechnung der Transaktion verwaltet *ClickandBuy* auch den Zugriff und die Auslieferung der Inhalte.

---

[112] Vgl. www.spiegel.de/netzwelt/gadgets/0,1518,763288,00.html (08.08.2011). Angaben in %, Zeitraum März 2011.
[113] Vgl. Brandtweiner (2000), S. 3.

Der Bezahlung von Inhalten durch Micropayment Systeme stehen zwei kritische Faktoren gegenüber. In der Regel ist eine Registrierung bei dem Anbieter des Micropayment Systems erforderlich. Der User ist gezwungen, die Internetseite zu verlassen und sich auf der Seite des Anbieters zu registrieren. Neben dem Zeitverlust, der mit dem Verlassen der Seite einhergeht, muss der Nutzer persönliche Daten angeben, die eine Bezahlung und Abbuchung ermöglichen. Die offenkundigen Fälle von Datenmissbrauch haben jedoch bei den Usern eine Abneigung gegen die Preisgabe von Konto- und Bankverbindungsdaten hervorgerufen.[114] So kommt die *ARD/ZDF Online Studie* zu dem Ergebnis, dass 86% der befragten Internetnutzer Datenmissbrauch durch unauthorisierte Dritte befürchten.[115] Eine Untersuchung des *DDV* ermittelte außerdem, dass Internetnutzer sich noch sehr an altbekannte Zahlungsmethoden, wie der Kauf auf Rechnung, halten, bei denen keine Bankdaten preisgegeben werden.

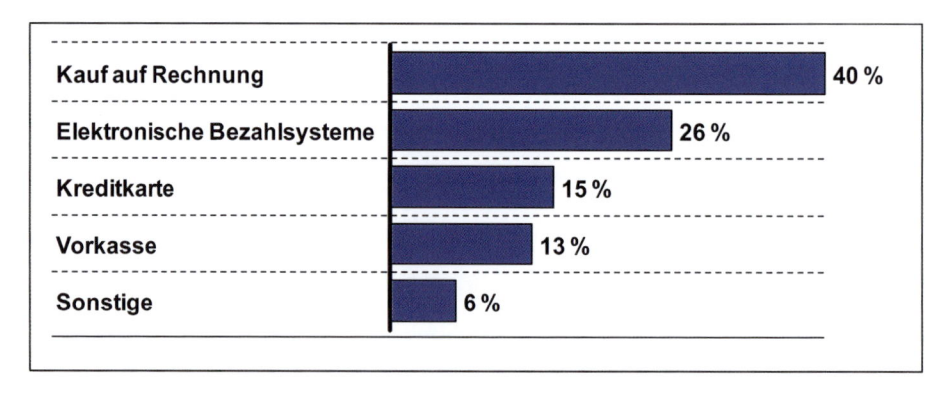

Kauf auf Rechnung	40 %
Elektronische Bezahlsysteme	26 %
Kreditkarte	15 %
Vorkasse	13 %
Sonstige	6 %

Abb. 11 | Zahlungsarten im Internet[116]

Ein neuer Ansatz ist das System *Press+*, welches sich als „Reader Revenue Platform" versteht.[117] *Press+* ist ein Softwaresystem, welches Verlage in ihre bestehenden Content Management Systeme oder Datenbanken integrieren können. Darüber lassen sich 16 verschiedene Bezahlsysteme einstellen und mit dem in Datenbanken archivierten

---

[114] Vgl. Grass (2010), S. 487.
[115] Vgl. Busemann/Gscheidle (2010), S. 367.
[116] In Anlehnung an Bundesverband des Deutschen Versandhandels e.V. (2011), o.S. Angaben in %.
[117] Vgl. hier und im Folgenden www.pressplus.com (08.08.2011).

Content verknüpfen. Für die Verlage bietet sich hier die Möglichkeit, verschiedene Bezahlmodelle auszuprobieren und den Bedürfnissen der Leserschaft anzupassen. Die Herstellerfirma *Journalism Online* profitiert dabei prozentual an den generierten Umsätzen.

3.3 Zahlungsbereitschaft für kostenpflichtige Inhalte

Während der Verkauf von Content im *B2B*-Bereich etabliert ist, zeigen die Endkunden nur eine geringe Zahlungsbereitschaft für Inhalte im Internet.[118]

Die Eigenschaften eines Erfahrungsgutes und die asymmetrische Verteilung des Wissens über die Qualität des Contents erschweren die Ausprägung einer Zahlungsbereitschaft. Wenn die Nutzer nichts über die Qualität des angebotenen Contents wissen (und das ist bei erstmaliger Nutzung meist der Fall), fällt ihre Zahlungsbereitschaft niedriger aus. Deshalb tendieren Sie zu kostenlosen Angeboten, bei deren Rezeption sie keinen monetären Verlust erleiden, wenn der Content nicht ihren Erwartungen entspricht.[119]

Wichtige Erkenntnisse über die Zahlungsbereitschaft für Bezahlinhalte liefert eine weltweite Studie der *Nielsen Company*. Demnach erwarten nur 30% der Befragten eine Verschlechterung der Contentqualität, wenn keine Zahlung für die Angebote von Verlagen erfolgt. Die Untersuchung stellt außerdem heraus, dass die Zahlungsbereitschaft für Content stark vom Wettbewerb abhängt. Demnach unterlassen 79% der Befragten den Besuch einer kostenpflichtigen Website, wenn es die angebotenen Inhalte auf einer anderen Seite umsonst gibt.[120] Dies stellt hinsichtlich des großen Angebots an kostenlosen Inhalten im Internet eine Herausforderung für die Verlage dar und verdeutlicht, dass redak-

---

[118] Vgl. Theyson /Propkowicz/Skiera (2005), S.174. Im Rahmen der Content Syndication werden Inhalte an Unternehmen vertrieben, die Inhalte anbieten wollen aber denen die Strukturen zur Erstellung fehlen (z.B. Webservices wie *gmx.de*).
[119] Vgl. Meisner (2006), S. 63ff.
[120] Vgl. Nielsen Company (2010), S. 5ff.

tionelle Inhalte im Rahmen der vorherrschenden Gratismentalität als öffentliche Güter betrachtet werden.

Nach einer Umfrage des Marktforschungsinstitutes *GFK* sind weiterhin über 30% der Nutzer der Meinung, dass Inhalte im Internet nicht nur kosten- sondern auch werbefrei sein sollten. 46% der Befragten hingegen akzeptieren die Einblendung von Werbung als Gegenleistung für den kostenlosen Inhalt.[121] Die Zahlungsbereitschaft hängt weiterhin stark von der Art des Inhalts ab. So sind über 60% der Befragten bereit, für Computerspiele, Spielfilme und Musik zu bezahlen, während den Konsum von redaktionellem Content im Internet weniger als 45% finanzieren würden.[122] Die verschiedenen Studien zur Zahlungsbereitschaft kommen zwar zu unterschiedlichen, aber dennoch eindeutigen Ergebnissen: Die Zahlungsbereitschaft steigt mit zunehmender Spezialisierung der Contents.

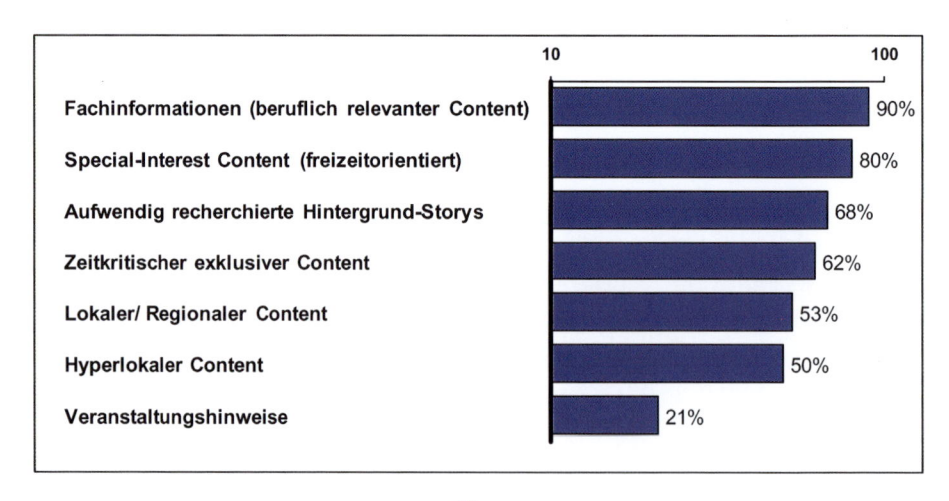

Fachinformationen (beruflich relevanter Content)	90%
Special-Interest Content (freizeitorientiert)	80%
Aufwendig recherchierte Hintergrund-Storys	68%
Zeitkritischer exklusiver Content	62%
Lokaler/ Regionaler Content	53%
Hyperlokaler Content	50%
Veranstaltungshinweise	21%

Abb. 12 | Zahlungsbereitschaft für Content[123]

Die Zahlungsbereitschaft für Inhalte ist allerdings differenziert zu betrachten, denn sie schwankt je nach Art des Zugangs. Für den kostenpflichtigen Abruf redaktioneller Inhalte über Tablet PC's sind hingegen fast drei Viertel der Nutzer bereit zu zahlen. Auch sind hier die Nutzer weniger werbereaktant. Besonders der Abruf von Nachrichten und In-

---

[121] Vgl. www.newbusiness.de/newmedia/detail.php?rubric=NEW+MEDIA&nr=593350 (08.08.2011).
[122] In Anlehnung an Nielsen Company (2010), S.3. Angaben in %.
[123] Vgl. Statiststa/EarsandEYES (2010), o.S.

formationen ist das Hauptmotiv der Nutzer von Applikationen. Dadurch, dass bereits seit Einführung der Tablet PC´s keine kostenfreien Inhalte oder Applikationen angeboten wurden, fällt deren Zahlungsbereitschaft höher aus.[124] Dieses Beispiel macht deutlich, wie schnell sich Rezipienten an Bezahlmodelle gewöhnen können.

Ein innovativer Ansatz, der auf der individuellen Zahlungsbereitschaft aufbaut, ist der Onlinespendendienst *Flattr*. Durch eine Registrierung können Nutzer ihr persönliches Spendenkonto aufladen. Dieser Betrag wird nach einem Monat auf alle Anbieter von Inhalten verteilt, bei denen der Nutzer per *Flattr-Button* eine Spende getätigt hat. Dazu müssen Content-Anbieter diesen in ihre Webangebote und Inhalte integrieren. Die Online Ausgabe der *taz* erhielt bspw. im April 2011 1800 € *Flattr-Spenden*, was eine Steigerung um ca. 31% gegenüber dem Vormonat darstellt.[125] Diesen Ansatz greift die *taz* mit der Option auf, eine direkte Onlinespende zwischen 0,30 und 5 € nach dem Konsum eines Artikels auf der Website zu tätigen.

Abb. 13 | Onlinespende bei der *taz*[126]

---

[124] Vgl. Tomorrow-Focus-Media (2011), o.S.
[125] Vgl. www.pooq.org/fyi/2011/05/die-flattr-charts-im-april-2011/ (08.08.2011).
[126] Vgl. www.taz.de (08.08.2011).

3.4 Determinanten des Entscheidungsprozesses

Eine Untersuchung, vor welchen Entscheidungsprozessen die Nutzer bei der Inanspruchnahme eines PCA stehen, ist unabdingbar für die Ausgestaltung eines bedürfnisgerechten Angebotes. Grundsätzlich steht der User dabei vor den Alternativen *Kaufen* und *Unterlassen*. Diese Entscheidung wird im Zuge eines komplexen Prozesses durch verschiedene Kriterien beeinflusst:[127]

- Die **Höhe des Preises** ist für den Nutzer zwangsläufig ein ausschlaggebender Faktor. Da es für PCA noch keine „gelernten Preise", und somit keine Preiserfahrungen gibt, wird jedes Angebot primär als teuer empfunden.[128]
- Der Rezipient wägt ab, welchen **Aufwand** er betreiben muss um an den Inhalt zu kommen. Das schließt die etwaige Anmeldung bei einem *Micropayment Dienst* oder dem Anbieter selber mit ein. Empirische Studien belegen, dass auf jeder Stufe eines Registrierungsprozesses bis zu 30% der User auf ihrem Weg zum Contenterwerb den Vorgang abbrechen.[129]
- Die **Angabe von personenbezogenen Daten** stellt wegen der Angst vor Datenmissbrauch eine Hürde gegenüber PCA dar.
- Je nach **Dringlichkeit** des gesuchten Inhalts und des Bedürfnisses nach Rezeption kann die Inanspruchnahme eines PCA beeinflusst werden.
- Im Rahmen der **Substituierbarkeit** wägt der Nutzer ab, ob der Inhalt kostenfrei bezogen werden kann und wie hoch der Aufwand dafür ist.
- Die **Evaluierbarkeit** des Inhaltes oder Dienstes, kann den Abbau von Informationssymmetrien beeinflussen. Bei der Qualitätsbewertung können auch Erfahrungen aus dem Offlinekonsum (z.B. der Printmarke) projiziert werden.

---

[127] Vgl. Rademacher/Siegert (2004), S. 488ff.
[128] Vgl. Büttgen (2003), S. 190.
[129] Vgl. Meier (2011), S. 184ff.

Die dargestellten Aspekte lassen sich zudem in Prozessphasen einteilen, in denen verschiedene Arten von Transaktionskosten für den Nutzer anfallen (monetär und zeitlich).

Art der anfallenden Kosten	Anbahnungskosten		Vereinbarungskosten		Kontroll-/ Anpassungskosten
	Suchkosten / Folgekosten		Opportunitätskosten		Überwachungskosten
Aktivität	Informationssuche und -beschaffung	Informationselektion und -bewertung	Entscheidung	Umsetzung in Kauf	Überwachung der Transaktion
Prozessphase	Informationsphase		Transaktionsphase		Post-Transaktionsphase

Abb. 14 | Entscheidungsprozess bei der Inanspruchnahme von PCA[130]

Die Informationsphase beinhaltet alle Kosten, die anfallen, bis der Nutzer sich entschieden hat den Content gegen Bezahlung zu erwerben. Dazu zählt auch die Zeit, die er braucht um den Content zu finden und auf seine Qualität hin zu bewerten. Die Registrierung, um Inhalte kostenfrei zu testen, verlangsamt dabei die Durchführung des Prozesses. In der Transaktionsphase bezieht der Kunde vor allem Opportunitätskosten in seine Entscheidung mit ein. Dabei handelt es sich um die Kosten und die Zeit, die er für die Inanspruchnahme eines alternativen Angebotes aufbringen müsste. Besonders in dieser Phase ist die Gefahr der Abwanderung zu kostenfreien Contentsubstituten groß. Die Posttransaktionsphase beinhaltet z.B. die Zeit, in der kontrolliert werden muss, ob die Abrechnung über das Bezahlsystem korrekt durchgeführt wurde.

Die Darstellung verdeutlicht die Komplexität des Entscheidungsprozesses. Die verschiedenen Phasen stellen ein hohes Risiko dar, dass der Nutzer den Vorgang abbricht, vor allem, wenn der Content kostenfrei an anderer Stelle zu Verfügung steht (bspw. General-Interest Nachrichten). Daraus resultiert für den Anbieter die Notwendigkeit, den Prozess so einfach wie möglich zu gestalten und Anreize für den Erwerb zu schaffen.

---

[130] In Anlehnung an Metzger (2007), S. 44.

3.5 Modelle zur Ausgestaltung der Paid Content-Angebote

Seit die Verlage sich mit dem Thema Paid Content als umsatzsteigerndes Instrument zur Absicherung des klassischen Geschäfts auseinander setzen, sind verschiedene Modelle zur Ausgestaltung des Angebots entstanden. Im Folgenden wird dargestellt, welche Möglichkeiten zur Ausgestaltung der PCA bestehen. Neben dem Grad der Zugangsrestriktion kann zwischen den Formen der Finanzierung von Content unterschieden werden.

3.5.1 Grad der Zugangsrestriktion

Beim Grad der Zugangsrestriktion kann sich der Anbieter von PCA entscheiden, welcher Content bezahlpflichtig ist. Mögliche Kriterien sind dabei die teilweise oder vollständige Einschränkung des Zugangs und die Differenzierung des Angebots in *Free Content* und *Premium Content*.

Paywall

Um für das gesamte Angebot eine Bezahlung zu verlangen, kann eine Bezahlschranke (engl. Paywall) errichtet werden. Eine Paywall ist ein digitaler Mechanismus, der bei Aufruf eines Inhalts eine Zahlung verlangt oder die Weiterleitung zum Content verhindert.[131] Sie ist mit einem Bezahlsystem gekoppelt, durch das im gleichen Zug eine Zugangsberechtigung erworben werden kann. Dabei kann der Nutzer über das Bezahlsystem kurzfristigen oder dauerhaften Zugang erwerben, was nach den Angebotsformen variiert.

Im Rahmen einer betriebswirtschaftlichen Betrachtung stehen Erlöse aus dem Verkauf von Inhalten oder Nutzerabonnements durch eine Paywall den Mindereinnahmen aus dem Verkauf von Online-Werbeflächen gegenüber. Durch die Einführung einer Paywall sinkt er-

---

[131] Vgl. http://radoff.com/blog/2009/11/30/a-brief-history-of-paywalls/ (08.08.2011)

fahrungsgemäß die Zahl der Seitenaufrufe und damit die Reichweite. Die Verlage erhoffen sich dabei jedoch eine Erhöhung der Nutzungsintensität, da die Nutzer bspw. ihr Abonnement ausgiebig nutzen wollen. Ziel ist es, einen festen Kundenstamm aufzubauen, dessen wiederkehrende Besuche auf der Website für die werbetreibende Wirtschaft von Bedeutung sind, da eine zielgruppengenauere Ansprache möglich ist.[132]

Der Zahlung für das Content-Angebot ist oftmals ein Kontingent *(metered system)* an kostenfreiem Content vorgeschaltet, um Informationsasymmetrien abzubauen und das Angebot evaluierbar zu machen. In der Praxis finden sich verschiedene Formen von Bezahlschranken.

Die englische Zeitung *The Times* setzt ihren Content hinter eine Paywall, der kein *metered system* vorgeschaltet ist. Alle Inhalte auf der Seite müssen bezahlt werden.[133] Eine Paywall kann allerdings auch insoweit durchlässig gestaltet werden, dass beim direkten Zugriff auf die Seite durch Eingabe des *Hyperlinks* der Zugang verwehrt wird, während der Besuch über eine Suchmaschine oder einem sozialen Netzwerk eine Nutzung des Inhalts erlaubt. Ziel ist es, Teil des offenen Internetökosystems zu bleiben und die Auffindbarkeit durch Suchmaschinen und externe *Hyperlinks* zu gewährleisten. Die *New York Times (NYT)* hat im Oktober 2010 eine lückenhafte Bezahlschranke eingeführt hat, bei der eine Registrierung notwendig ist, um den redaktionellen Content der *NYT* zu konsumieren. Nach der Registrierung können zwanzig Artikel im Monat kostenfrei gelesen werden, im Anschluss wird der Leser zum Abschluss eines Abonnements aufgefordert.

---

[132] Vgl. GfK/SirValUse Consulting (2011), S. 2.
[133] Vgl. www.times.co.uk (08.08.2011)

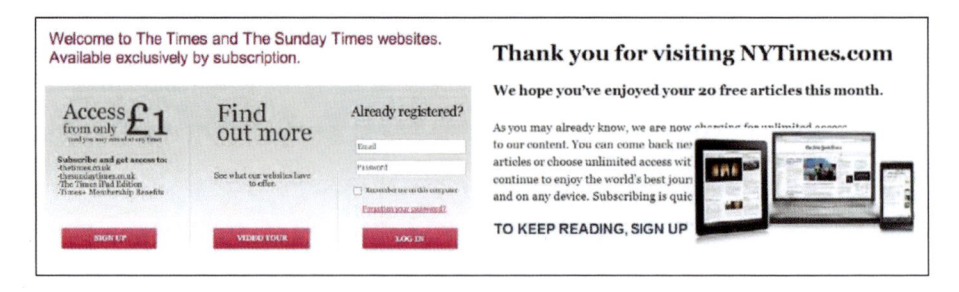

Abb. 15 | Paywall bei der *Times* und der *New York Times*[134]

Nutzer, die über soziale Netzwerke auf die Seite der *NYT* geleitet werden, erhalten hingegen uneingeschränkten Zugriff auf den Content. Besucher, die über *Google* auf die Seite gelenkt werden, erhalten kostenfreien Zugriff auf fünf Artikel. Dem liegt das „*First Click Free*"-Modell" zugrunde, bei dem maximal ein kostenfreier Aufruf möglich ist, wenn Leser über eine Suchmaschine auf die Seite gelangen.[135]

Neben diesen Lücken in der Bezahlmauer, in deren Entwicklung zwischen 40 und 50 Millionen Dollar[136] investiert wurde, gibt es im Internet eine frei erhältliche Applikation, die Paywalls übergehen kann *(breakthepaywall.com)*. Diese ist anwendbar bei Seiten, denen ein *metered system* vorgeschaltet ist.[137] Die *NYT* unternimmt jedoch keine Anstrengungen, die Lücke zu schließen, da diese „kaum ausgenutzt und interessierte Leser den Abschluss eines Abos nicht scheuen würden."[138]

Freemium

„For companies that market online offerings, one of the hottest trends in pricing is freemium".[139] *Freemium* (Kunstwort aus *Free* und *Premium*) beschreibt dabei ein Angebotsmodell, bei dem Basiscontent kostenfrei angeboten wird, und für *Premium Content* eine Zahlung verlangt wird.

---

[134] Vgl. www.nytimes.com (08.08.2011).
[135] Vgl. Google (2011), o.S.
[136] Vgl. http://www.bloomberg.com/news/2011-01-28/new-york-times-fixes-paywall-glitches-to-balance-free-vs-paid-on-the-web.html (08.08.2011).
[137] Vgl. www.breakthepaywall.com (08.08.2011).
[138] Vgl. http://allthingsd.com/20110318/qa-new-york-times-digital-czar-martin-nisenholtz-on-the-paywall-pricing-google-and-apple/ (08.08.2011).
[139] Vgl. Ferrell/Pride (2002), S. 559.

Ziel ist es, Nutzer von der Qualität des Angebots zu überzeugen und im Anschluss für ein kostenpflichtiges Modell (z.B. Abonnement) zu begeistern. In der Praxis wird *Freemium* so eingesetzt, dass der kostenpflichtige *Premium Account* mit Vorzügen wie ausführlichen oder exklusiven Inhalten sowie Werbefreiheit ausgestaltet ist. So bietet die *FTD* im Rahmen des Basisangebots gekürzte Artikel kostenfrei zugänglich an, während für den vollen Umfang des Artikels mit weiterführenden Informationen Kosten anfallen.[140] Durch die Einnahmen der *Premiumkunden* wird der Konsum des qualitativ minderwertigeren Angebots der nichtzahlenden Nutzer finanziert (Quersubventionierung). Im Durchschnitt finanzieren so 5% der Premium-Nutzer den Konsum der Basiskunden.[141]

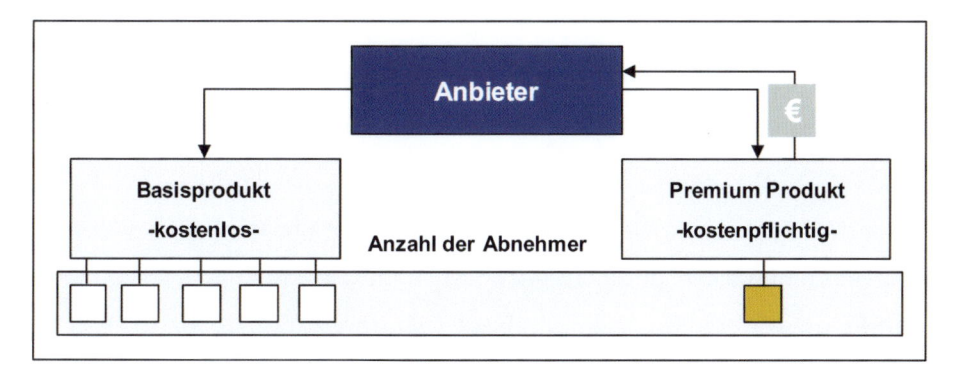

Abb. 16 | Quersubventionierung innerhalb des Freemium Modells[142]

Hier bietet sich den Kunden, die sich an den Einschränkungen, die mit dem Konsum des kostenfreien Teil des Angebotes einhergehen, nicht stören, die Möglichkeit, Inhalte dauerhaft unentgeltlich zu konsumieren. Diejenigen Nutzer, die von dem Angebot überzeugt sind bzw. mehr als standardisierte Informationen konsumieren wollen, können einen kostenpflichtigen Zugang zu exklusiven Inhalten erwerben. Die Finanzierung der Inhalte basiert damit auf Freiwilligkeit, gekoppelt mit Anreizen für eine Zahlung des werthaltigeren Contents. Für das *Freemium*-Modell sind die Einnahmen aus dem Verkauf von Werberaum ein wichtiger Bestandteil, da im *Free Content*-Bereich weiterhin eine hohe Reichweite aufgebaut werden kann.

---

[140] www.ftd.de (08.08.2011).
[141] Vgl. Anderson (2009), S.191ff.
[142] In Anlehnung an Anderson (2009), S. 192.

Dass Internetnutzer auch bei der Einführung eines *Freemium*-Modells auf kostenlose Inhalte abwandern, zeigt das Beispiel der *Berliner Morgenpost* mit dem Onlineangebot *morgenpost.de*. Nach der Einführung eines Premium Content Bereichs im Dezember 2009, der sich auf den regionalen Content bezieht, rutschte die Reichweite im Januar um 36% ab. Bis November folgte ein Rückgang um weitere 12%. Zeitgleich war ein Reichweitenanstieg bei den anderen kostenfreien Anbietern von Nachrichten mit regionalem Kontext (*bz-berlin.de* und *tagesspiegel.de*) zu beobachten.[143]

3.5.2 Formen der Finanzierung

Um PCA zu finanzieren, können verschiedene Formen gewählt werden, die sich isoliert oder kombiniert einsetzen lassen um eine Optimierung des Erlösquellenstroms zu erreichen (*Multi-revenue-stream-Optimierung*).[144] Die Bedeutung von gemischten Erlösformen hat auch die Mehrheit der der deutschen Verlagsmanager eingesehen. Die Hälfte von Ihnen geht davon aus, mit einem rein transaktionsbasierten Modell und dem Verlauf von Werberaum Erfolge erzielen zu können.[145] Eine Differenzierung erfolgt in direkte und indirekte Formen der Erlösgenerierung.

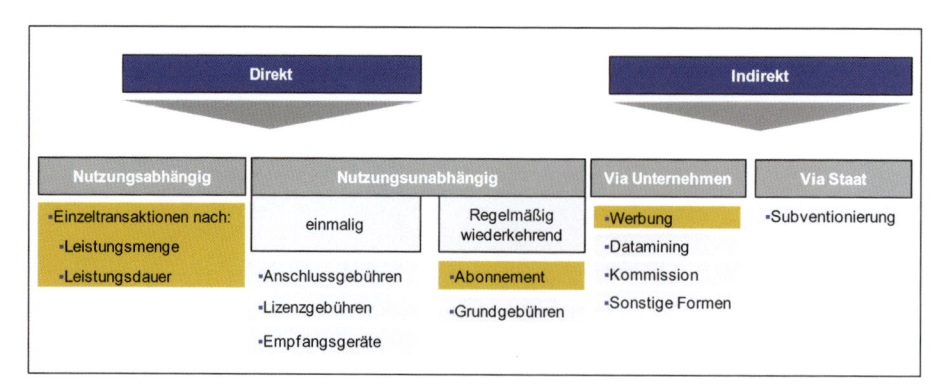

Direkt			Indirekt	
Nutzungsabhängig	**Nutzungsunabhängig**		**Via Unternehmen**	**Via Staat**
	einmalig	Regelmäßig wiederkehrend	•Werbung	•Subventionierung
•Einzeltransaktionen nach:			•Datamining	
•Leistungsmenge	•Anschlussgebühren	•Abonnement	•Kommission	
•Leistungsdauer	•Lizenzgebühren	•Grundgebühren	•Sonstige Formen	
	•Empfangsgeräte			

Abb. 17 | Relevante Formen der Finanzierung für PCA[146]

---

[143] Vgl. GfK/SirValUse Consulting (2011), S. 1.
[144] Vgl. Wirtz (2001), S. 215.
[145] Vgl. Theyson/Prokpowicz/Skiera (2005), S. 174.
[146] In Anlehnung an Zerdick et al. (2000), S. 26.

Werbefinanzierung

Die Finanzierung durch Werbung stellt kein Erlösmodell für Paid Content im definitorischen Sinne dar, dient aber dennoch oftmals als Basis für PCA. Die Finanzierung durch Werbung wird immer ein Bestandteil der Erlösgenerierung der Verlage bleiben, da die Bereitstellung von Reichweiten für die werbetreibende Industrie und den damit einhergehenden Einnahmen aus dem Verkauf von Anzeigenplätzen eine lukrative Einnahmequelle darstellen. Aufgrund empirischer Ergebnisse, dass bei Einführung von Bezahlinhalten die Zugriffszahlen signifikant zurückgehen, sollen durch die sicher wiederkehrenden User noch verlässlichere Daten den Werbekunden zur Verfügung gestellt werden.

Einzeltransaktionen

Die Zahlung für PCA kann von der Inanspruchnahme des Angebots in Bezug auf die konsumierte Menge abhängig gemacht werden. Bei diesen *Pay-per-Click* Modellen bezahlt der Nutzer für die Inhalte, die er aufgerufen bzw. heruntergeladen hat. Eine weltweite Untersuchung hat ergeben, dass über 50% der Nutzer nur für die Inhalte bezahlen wollen, die Sie tatsächlich in Anspruch nehmen (z.B. einzelne Artikel).[147] Dies erfordert den Einsatz eines Micropayment Systems, da pro Inhalt nur ein geringes Entgelt verlangt werden kann. Gegen mengeninduzierte Einzeltransaktionen spricht, dass hohe Transaktionskosten für die Durchführung und Administration des Kaufs anfallen.[148] Die geringen Gewinnmargen machen Einzeltransaktionen damit tendenziell unrentabel. Der Einsatz eines einzeltransaktionsbasierten Modells ist jedoch abhängig von dem vertriebenen Content. So erweist sich bspw. der Einsatz für General-Interest Nachrichten als nutzerunfreundlich. Aufgrund der hohen Nutzungsintensität, um einen Überblick über alle Nachrichten eines Tages zu gewinnen, würden die Kosten schnell an-

---

[147] Vgl. Statiststa/EARSandEYES (2010), o.S.
[148] Z.B. durch verwaltungstechnischen Aufwand, Buchhaltung, Beteiligung des Systemanbieters.

steigen. Für Reportagen, Statistiken oder Verbrauchertests bietet sich der Verkauf von einzelnen Artikeln hingegen an, da diese im Zuge einer aktiven Suche ausgewählt und nur in geringen Mengen konsumiert werden.[149]

Abonnement

Beim Abonnement erwerben Nutzer den Zugriff auf das gesamte PCA eines Anbieters oder eines definierten Bereichs für einen bestimmten Zeitraum. In der Praxis finden sich vielmals die Abonnementmodelle, die auch für Printprodukte angeboten werden. Durch kostenfreie Tagesabonnements wird versucht, Informationsasymmetrien abzubauen und die Qualität des Angebots zu verdeutlichen. Die Abonnementsysteme sind oft an die Abonnements der Printprodukte gekoppelt. In diesem Fall haben Abonnenten der Printausgabe vollen Zugriff auf die kostenpflichtigen Inhalte der Website und auf die elektronischen Ausgaben (E-Paper). Content Abonnements eignen sich besonders für *„Heavy User"*, die längerfristig an das eigene Angebot gebunden werden können. Deren komplexe und wiederkehrende Bedürfnisse nach den Inhalten (z.B. der tägliche Überblick über das Nachrichtenangebot) können innerhalb eines Abonnements besser und günstiger befriedigt werden, als mit einem mengeninduzierten Preismodell.[150]

Guthaben

Eine Mischform aus *Pay-per-Click* und Abonnement ist das Guthaben oder Kontingent. Nutzer können einen Freibetrag bestimmen, den sie auf kostenpflichtigen Content verteilen können. Das Guthaben kann je nach Ausgestaltung des Modells für das Gesamte Content-Angebot oder nur für bestimmte Bereiche (z.B. Rubriken auf einer Website) gelten.

---

[149] Vgl. hierzu Kap. 3.1.2.
[150] Vgl. Büttgen (2003), S. 189.

3.6 Beispiele aus der Verlagspraxis

Im Folgenden verdeutlichen zwei Beispiele aus der Verlagspraxis die Anwendungsmöglichkeiten für PCA. Dabei wurden bewusst Anbieter gewählt, deren Leistungsangebot sich aufgrund der angebotenen Art der Informationen und dem Nutzen für den Konsumenten unterscheidet.

Verlagsgruppe Handelsblatt

Die Verlagsgruppe Handelsblatt ist der reichweitenstärkste Anbieter von Wirtschafts- und Börsenprintmedien in Deutschland. Neben diesen Themen werden auch General-Interest Nachrichten aus den Bereichen Politik, Technologie und Kultur behandelt. Aufgrund seines langen Bestehens ist das *Handelsblatt* ein gutes Beispiel für den Wandel einer Printmarke entlang der technologischen Entwicklung.[151] Zusätzlich zur wochentäglich erscheinenden Printausgabe wird das kostenpflichtige *Handelsblatt E-Paper* angeboten, dass auf allen elektronischen Endgeräten lesbar und (als *PDF-Dokument*) zum Download zur Verfügung steht. Abonnenten der Print- und der elektronischen Ausgabe können im *Handelsblatt*-Archiv durchgehend auf die letzten fünf Ausgaben zugreifen. Kunden haben die Möglichkeit das *E-Paper* in einem zeitlich begrenzten Abonnement (ein Monat, drei Monate, oder ein Jahr) zu beziehen.

Neben den kostenfreien Inhalten auf der Internetseite *handelsblatt.com* werden weitere Inhalte kostenpflichtig angeboten (*Freemium*). Die Rubrik „DAX-Konzerne ungeschminkt" untersucht bspw. für Anleger die Jahresabschlüsse und Bilanzen der deutschen Großunternehmen und ist nur gegen ein Entgelt lesbar. Weiterhin werden Interviews mit führenden Personen aus der Wirtschaft bereits sofort nach der Fertigstellung des Artikels und vor dem Abdruck in der nächsten Print-Ausgabe als kostenpflichtige Datei zum Download angeboten. Damit werden hier nach oben genannter Definition Zweckinformationen, deren Zeitpunkt

---

[151] Vgl. hierzu und im Folgenden www.handelsblatt.com (08.08.2011).

der Konsumption monetäre Vorteile bewirken kann, kostenpflichtig angeboten und damit ein Mehrwert generiert. Ein weiteres Exklusiv-Angebot stellt eine Kooperation mit dem Statistikportal *statista.de* dar. Hier werden Inhalte, die in einer gekürzten Fassung und mit einigen wenigen Basiszahlen vorhanden sind, kostenlos angeboten. Im Paid Content Bereich finden sich die vollständigen Artikel und Statistiken mit Informationen zu Herkunft und Erhebungsdesign der Studie.[152] Um die Inhalte über mobile Endgeräte abzurufen, gibt es eine Applikation für die Betriebssysteme *MacOS* und *RimOS*. Diese kostenlose Applikation zeigt den *Free Content* an, der auf *handelsblatt.com* veröffentlicht wird. Zur Bezahlung besteht eine Kooperation mit dem Anbieter *mbe,* der die Bezahlung über das Mobilfunkgerät ermöglicht Das *Handelsblatt* wird auch in Zukunft vermehrt auf Premium Content setzen, eine komplette Abschottung der Inhalte hinter einer Paywall allerdings vermeiden.[153]

Beispiel Stiftung Warentest

Die *Stiftung Warentest* ist eine deutsche Verbraucherschutzorganisation und gehört zu den etabliertesten Anbietern von PCA in Deutschland. In staatlichem Auftrag prüft und vergleicht sie Waren und Dienstleistungen und veröffentlicht die Ergebnisse in diversen Printmagazinen sowie auf dem Onlineportal *test.de*.[154] Bereits 2009 wurden fast 800.000 kostenpflichtige Inhalte im Wert von mehr als 1,5 Millionen Euro auf *test.de* abgerufen. Dafür werden verschiedene Modelle angeboten. Neben der Möglichkeit, alle vorhandenen Testergebnisse einzeln zu erwerben, können Zugänge zu einzelnen Kategorien (z.B. Computer und Telefon) erworben werden. Darüber hinaus kann zwischen einem Abonnement (monatlich oder jährlich) und einem Guthaben gewählt werden. Das Guthaben gilt zeitlich unbegrenzt und bezieht sich auf alle Inhalte der Webseite. Die Seite *test.de* ist dabei komplett anzeigenfrei. Für die Nut-

---

[152] Vgl. www.horizont.net/aktuell/digital/pages/protected/Verlagsgruppe-Handelsblatt-baut-mit-Statista-Paid-Content-Bereich-aus_95705.html (08.08.2011).
[153] Vgl. Meier (2011), S. 71.
[154] Vgl. hierzu und im Folgenden www.test.de (08.08.2011).

zer bieten sich verschiedene Formen der Bezahlung - neben der Kreditkarte und Micropayment (*PayPal, ClickandBuy),* kann seit 2010 auch über das Mobilfunkgerät bezahlt werden. Die anfallenden Kosten werden über den Mobilfunkanbieter abgerechnet.

Die *Stiftung Warentest* greift damit die Anforderungen an ihren vertriebenen Content auf und erhebt für einzelne Artikel einen Preis von 0,75 Cent bis 2,50 €. Im Gegensatz zu tagesaktuellen Nachrichten gibt es nur ein geringes Angebot an qualitativen Verbrauchertests, was die Durchsetzung höherer Preise für diese Art Content begünstigt. Es wird ebenfalls keine Applikation für mobile Endgeräte angeboten.

Kapitel 4 Untersuchung der veränderten Mediennutzung durch Online-Medien

Technologische Innovationen, eine Veränderung der Zeitstrukturen sowie neue Anforderungen innerhalb der Gesellschaft haben das Mediennutzungsverhalten gravierend verändert. Insgesamt ist der Medienkonsum gestiegen - die Menschen räumen den Medien, allen voran dem Internet, mehr Zeit ein. Gleichzeitig sind die Grenzen des Zeitbudgets jedoch nahezu erreicht. Erwartet wird allerdings eine Verschiebung innerhalb der mediennutzenden Generationen, da der demographische Wandel zu einer deutlich intensiveren Nutzung des Internets der älteren Teile der Gesellschaft führen wird.[155]

4.1 Aktuelle Trends in der Mediennutzung

Das Internet zum wichtigsten Medium für Information und Kommunikation geworden. Eine Betrachtung der Nutzungsverteilung des Internets macht deutlich, dass die Webseiten von Zeitungen und Zeitschriften, sowie Radio- und Fernsehsendern (redaktioneller Content) und *Social Networks* (User Generated Content) die intensivste Nutzung bei der Rezeption von Nachrichten erfahren.[156] Dies unterstreicht den Trend der Verlagerung sozialer Netze ins Internet. Grund dafür ist die mithilfe der Web 2.0-Anwendungen ermöglichte Interaktion der Nutzer mit den Webangeboten, aber vor allem auch die Kommunikation zwischen Usern über soziale Netzwerke. Die Internetnutzung ist in den letzten zwölf Jahren rapide angestiegen. Damit geht eine zunehmende Habitualisierung der Internetnutzer einher, sowohl in Bezug auf die technische Verfügbarkeit, als auch auf die Einbindung in alle Bereiche des gesellschaftlichen Lebens.[157] Die intensivste Internetnutzung findet dabei in den jüngeren Altersgruppen statt. Laut dem Branchenverband

---

[155] Vgl. Hasebrink (2007), S. 10.
[156] Vgl. Sigler (2010), S. 39.
[157] Vgl. van Eimeren/Frees (2010), o.S.

BITKOM sind in Deutschland 92% der 14-29jährigen online.[158]. Das Alterssegment 60+ weist hingegen bei der Internetnutzung noch einen weit unterdurchschnittlichen Wert auf (36%) der aber kontinuierlich ansteigt.[159]

Neben der Nutzungsintensität hat sich der Zugang zu Online Angeboten mit dem Aufkommen internetfähiger Endgeräte verändert. Obwohl der stationäre PC (76%) oder ein Laptop (51%) bevorzugt für die Onlinenutzung verwendet werden, ist eine steigende Nutzung von mobilen Endgeräten zu beobachten. Nach dieser Studie des Marktforschungsinstituts *TNS Infratest* nutzten bereits 2010 neun Millionen Deutsche (11%) ein Smartphone, von denen zwei Millionen täglich die Internetfunktion verwendeten. Die Studie erwartet eine Verdopplung der deutschen Smartphone Nutzer bis 2012.[160] Eine Studie der *Statista AG* in Kooperation mit dem Marktforschungsinstitut *EARSandEYES* ermittelte alleine die Anzahl der in Deutschland verkauften *iPads* auf 500.000 Stück[161] und prognostizierte einen Anstieg auf zwei Millionen bis 2012.[162]

Durch den mobilen Zugang zum Internet hat sich ebenfalls die Art der Nutzung verändert. Smartphones und Tablets werden von 64% der deutschen parallel zu TV und Radio-Angeboten genutzt. Darüber hinaus nutzen 19% der der User das mobile Internet gleichzeitig zur Nutzung von TV und Radio um weiterführende Informationen im Internet abzurufen.[163] Die Zahlen belegen, dass ein gravierender Veränderungsprozess im Gange ist, aus dem sich die vollständige Verlagerung des Empfangs von redaktionellen Inhalten über das Internet (stationär oder mobil) abzeichnet.

---

[158] Vgl. BITKOM (2011), o.S.
[159] Vgl. AGOF (2011), o.S.
[160] Vgl. TNS Infratest et al. (2011), S. 5ff.
[161] Apple veröffentlicht keine genauen Verkaufszahlen.
[162] Vgl. Statiststa/EARSandEYES (2010), o.S.
[163] Vgl. TNS Infratest et al. (2011), S. 8.

4.2 Information Overload - Aufmerksamkeit als knappe Ressource

„Wir leben nicht [...] in einem Informationszeitalter, sondern in einem Zeitalter der Aufmerksamkeit. Menschen, Medien und Marketer wetteifern darum untereinander."[164] Das Konzept der Aufmerksamkeitsökonomie (*„Economics of attention"*) beschreibt die rasant gestiegene Informationsflut, die der begrenzten Aufnahmefähigkeit des Individuums gegenübersteht. Dabei meint der Begriff Aufmerksamkeit den Zustand der wachen Achtsamkeit und die gezielte Aufnahme und Verarbeitung von Informationen. Die anthropologische Beschaffenheit des Menschen schützt ihn vor Reizüberflutung, indem jedem Individuum nur ein begrenztes Ausmaß an zu vergebender Aufmerksamkeit zur Verfügung steht. Besonders die Menge an Informationen, die von den modernen Massenmedien (allen voran dem Internet) ausgeht, erschwert die Selektion und Verarbeitung relevanter Inhalte. In einer Informationsgesellschaft, die durch ein exponentielles Wachstum an Informationsangeboten und deren Verbreitung charakterisiert ist, wird Aufmerksamkeit zu einer knappen Ressource.[165]

Da der Konsum von Medienprodukten ein gewisses Maß an Aufmerksamkeit der Rezipienten voraussetzt und die Verlage diese in Form von Reichweiten an die werbetreibende Industrie verkaufen können, entsteht ein starker Wettbewerb um potentielle Kunden.[166] In der Zeit vor dem Internet, bestimmten die Redaktionen der Printmagazine, welche Nachrichten relevant genug für eine Veröffentlichung waren. Die Vernetzung im Web 2.0 und die Möglichkeit, Inhalte zu bewerten und somit zu signalisieren, was die Mehrheit der Nutzer interessant findet, verändert die Nachfrage nach Informationen drastisch, was eine Anpassung des Content-Angebots von Seiten der Anbieter zur Folge hat.

---

[164] Nat Goldhaber, CEO von *Cybergold*, zitiert aus Hess/Schuhmann (1999), S.140.
[165] Vgl. Zerdick et al. (2001), S. 38f.
[166] Vgl. Gläser (2010), S. 149.

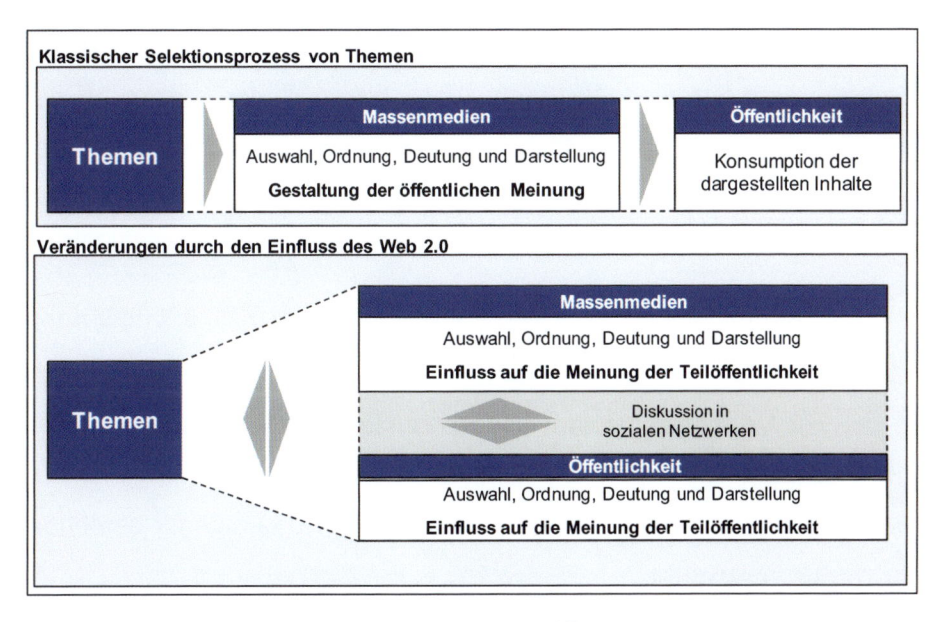

Abb. 18 | Veränderter Selektionsprozess von Themen[167]

4.2.1 Folgen dieser Entwicklungen für das Mediennutzungsverhalten

Der Rezipient ist im Internet dazu gezwungen, sein Budget an Aufmerksamkeit auf das prinzipiell unbegrenzte Angebot an Inhalten zu verteilen.[168] Durch die immer weiter steigende Informationsflut nimmt die Bedeutung von vertrauenswürdigen Filtern zu.[169] Diese Filter manifestieren sich in der Bildung virtueller Communities und sozialer Netzwerke. Ein gängiges Beispiel, um den Nutzen von Netzwerken für den einzelnen User zu verdeutlichen, ist das Telefonnetz. Der Nutzen für den einzelnen User erhöht sich, mit jeder weiteren Person, die an das Telefonnetz angeschlossen ist.[170] In diesem Zusammenhang besagt *Metcalf´s Law,* dass der Wert eines Netzwerks durch die quadrierte Zahl der Nutzer bestimmt wird.[171]

---

[167] Eigene Darstellung.
[168] Vgl. Meisner (2006),S. 27.
[169] Vgl. Eckhardt (2003), S. 177f.
[170] Vgl. Meisner (2006), S. 32f.
[171] Vgl. Shapiro/Varian (1998), S. 184.

Genauso verhält es sich mit sozialen Netzwerken - je mehr der eigenen Freunde dem Netzwerk beitreten, umso höher ist der Nutzen für den einzelnen User dem Netzwerk beizutreten und sein Umfeld dazu zu bewegen, dies ebenfalls zu tun. Damit unterliegen Netzwerke oftmals exponentiellen Wachstumsraten.

Die Entstehung sozialer Netzwerke unterliegt dabei drei grundlegenden Annahmen.[172]

- Für Menschen besteht ein Bedürfnis neue Beziehungen aufzubauen.
- Dies geschieht am besten durch die Nutzung eigener bestehender Netzwerke.
- Die Beteiligung in sozialen Netzwerken führt zu einem großen Nutzen für den Teilnehmer.

Das Engagement in sozialen Netzwerken ist rasant gestiegen. Das derzeit größte Netzwerk *Facebook* zählt mehr als 700 Millionen Mitglieder weltweit, was einem Wachstum um 670 Millionen seit Juli 2007 entspricht. In Deutschland sind über 20 Millionen Menschen Mitglied bei Facebook.[173]

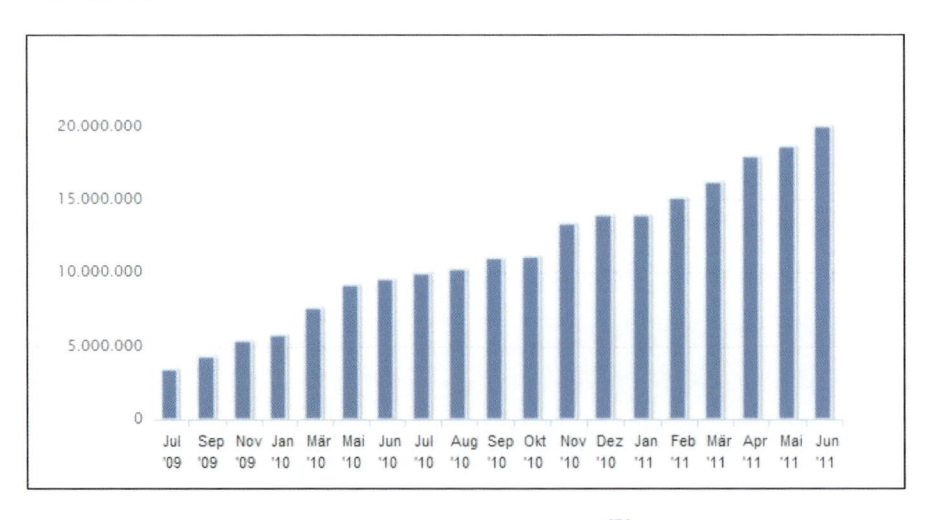

Abb. 19 | Mitgliederzuwachs von *Facebook* in Deutschland[174]

---

[172] Vgl. Bonhard/Sasse (2006), S. 87.
[173] http://www.facebookbiz.de/artikel/700-mio-facebook-nutzer-weltweit-20-mio-in-deutschland (08.08.2011).
[174] Vgl. www.facebook.com (08.08.2011). Eigene Darstellung, Angabe in Millionen.

Während die aktive Produktion von Inhalten nachlässt, steigt die Beteiligung an Kommunikation über soziale Netzwerke stetig (Steigerung um 34% zwischen 2009 und 2010).[175] Markant sind jedoch nicht nur die hohen Nutzerzahlen, sondern auch die Nutzungsintensität, die ebenfalls mit steigendem Alter abnimmt. Während 14-19jährige eine wöchentliche Nutzung von 99% aufweisen (davon 59% täglich), sind es bei den 30-39jährigen noch 78% wöchentlich (32% täglich).

Soziale Netzwerke funktionieren dabei grundsätzlich nach dem Prinzip des Geben und Nehmens - die Mitglieder kommunizieren, tauschen Fotos und Erfahrungen aus, und machen sich gegenseitig auf Inhalte im Internet aufmerksam. Für soziale Netzwerke gilt das *Follower-Prinzip*[176]: wer eine Person oder ein Unternehmen, das mit einem Profil im Netzwerk vertreten ist, interessant findet, kann diesem „folgen" und Statusmeldungen, Fotos, Videos, Bookmarks oder Nachrichten abonnieren. Die beiden aktuell größten Netzwerke sind *Facebook* und *Twitter*.[177]

Facebook wird überwiegend zur Kontaktpflege und für soziale Interaktionsprozesse genutzt (z.B. Chats). Immer mehr Unternehmen verwenden das Netzwerk, um mit (potenziellen und aktuellen) Kunden in Dialog zu treten.

Twitter wird ebenfalls privat und beruflich genutzt. Hier ist der Zweck weniger die Selbstdarstellung, sondern vielmehr die Aufnahme und Veröffentlichung von Informationen und Nachrichten. Dadurch, dass Nachrichten oftmals als erstes über *Twitter* veröffentlicht werden und sich in rasender Geschwindigkeit über das Internet verbreiten, hat sich das Netzwerk zu einem Echtzeit Nachrichtenmedium entwickelt.

Ein Beispiel für die Dynamik des Internets und seiner Nutzer ist das Netzwerk *Myspace*, bekannt als eines der ersten und größten sozialen

---

[175] Vgl. hier und im Folgenden: Busemann/Gscheidle (2010), S. 360. Rückgang der Inhalteproduktion von Usern von 13 auf 7% zwischen 2007 und 2010.
[176] Vgl. Lange/Weinberg (2011), S. 22.
[177] Vgl. http://www.focus.de/digital/internet/tid-12646/facebook-twitter-google-die-wichtigsten-online-netzwerke_aid_350981.html (08.08.2011).

Netzwerke. Das Netzwerk wurde 2005 von dem Medienkonzern *News Corp.* für rund 600 Millionen Dollar gekauft, weiterentwickelt und sollte als Werbeplattform für massive Umsatzströme sorgen. Der Markteintritt von *Facebook* und dessen Werbefreiheit führte zu einem Wechsel der Nutzer innerhalb der Netzwerke, der mit einem drastischen Rückgang der Nutzerzahlen von *Myspace* einherging.[178] Das Netzwerk wurde im Juni 2011 für 35 Millionen Dollar verkauft.[179]

4.2.2 Kollaborative Filtermechanismen

Das Internet unterscheidet sich für die Rezipienten drastisch von den Printmedien. Bei der Navigation durch das Internet entsteht aufgrund der Vernetzung durch *Hyperlinks* ein massiver Selektionsdruck.[180] Neben der zentralen Eigenschaft des Web 2.0, Nutzer an der Erstellung von Inhalten partizipieren zu lassen, ermöglichen soziale Netzwerke und *Social Bookmarking Sites* eine zielgerichtete Filterung von Inhalten, die sich an den Interessen des Nutzers orientieren. Innerhalb sozialer Netzwerke gewinnen Systeme, die Empfehlung und Bewertung von Objekten und Subjekten ermöglichen, an Bedeutung. Diese Filterungsmechanismen werden als "Collaborative filtering" bezeichnet.[181]

Kollaboratives Filtern funktioniert im Internet folgendermaßen: Der Content Anbieter integriert einen Empfehlungs-Button eines oder verschiedener Netzwerke in den Content. Dieser Button ist an eine Datenbank angebunden, in der die Ergebnisse (Häufigkeit, Nutzer) gespeichert werden. Als derzeit bekannteste sind hier analog zur Größe der Netzwerke beispielhaft der *Like Button* (*Facebook*), *Tweet Button* (*Twitter*) und *Google+* (*Google*) genannt.

---

[178] Vgl. http://meedia.de/internet/vz-netzwerke-verlieren-ueber-200-mio-visits.html (08.08.2011). Zwischen April 2010 und April 2011 verlor das Netzwerk 75% seiner Nutzer an Facebook.
[179] Vgl. www.zeit.de/digital/internet/2011-06/myspace-facebook-verkauf (08.08.2011).
[180] Vgl. Rademacher/Siegert (2006), S. 488ff.
[181] Vgl. hier und im Folgenden Brodt (2010), S. 6ff.

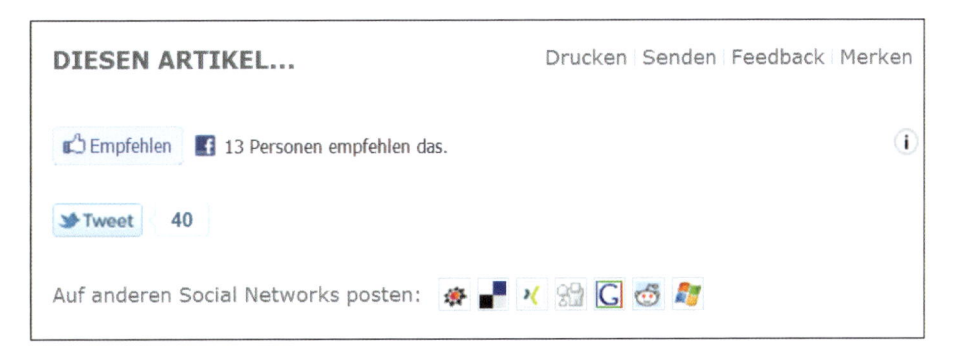

Abb. 20 | Social Media Anbindung auf www.spiegel.de[182]

Die Mitglieder dieser Netzwerke geben mit Betätigung des Buttons eine Empfehlung (*Referral*) ab, die allen ihren Kontakten innerhalb des Netzwerkes auf ihrer Profilseite angezeigt werden. Auf der Seite des Contentanbieters wird an dieser Stelle absolut gezählt und visualisiert, wie oft der Button getätigt wurde.

Zahlreiche Untersuchungen haben bereits das Verhalten von Mitgliedern privater und beruflicher Netzwerke untersucht und sind dabei immer wieder auf das Ergebnis gestoßen, dass Netzwerke das Auffinden von Informationen erleichtern. Während 73% der Nutzer gezielt nach Informationen im Internet suchen, geben bereits 59% an Empfehlungen von Freunden und Bekannten zu folgen.[183] 25% der deutschen User veröffentlichen Informationen und Links zu anderen Inhalten im Internet.[184] Besonders deutlich werden die Ausmaße dieses kollaborativen Filters an Beispiel von *Facebook*: Wenn Nutzer von einem Inhalt begeistert sind, geben 27% immer eine Bewertung in Form eines „Gefällt mir" ab und erhöhen damit die Anzahl der positiven Bewertung einer Nachricht oder eines Inhalts. 49% der Nutzer tun dies gelegentlich. Insgesamt werden so laut der Erhebung 30 Milliarden Inhalte von den *Facebook* Mitgliedern weltweit geteilt.[185] Über diese *Share with your*

---

[182] Vgl. www.spiegel.de (08.08.2011).
[183] Vgl. Mai (2010), S. 84ff.
[184] Vgl. van Eimeren/Frees: in Media Perspektiven (2010), S. 341.
[185] Vgl. Mai (2010), S. 87.

Network-Funktion sind Nachrichten nach Gutscheinen die Inhalte im Internet, die am häufigsten empfohlen werden.[186]

Daraus resultiert ein abnehmende Bindung an einen bestimmten Contentabieter (promiskuitive Markenbindung[187]). Im Mittelpunkt stehen nicht mehr zwangsläufig die Reputation oder das Angebot eines Verlages, sondern Empfehlungen des persönlichen Umfelds oder eine absolute Zahl an Lesern eines Artikels. Diese Empfehlungen gelten als Bürgschaft für die Qualität und helfen den Nutzern, Informationsasymmetrien abzubauen.

Die Paywall als Hindernis der freien Mediennutzung

Im Zuge der Zugriffsrestriktion von Inhalten durch eine Bezahlschranke geht in Zeiten der totalen Vernetzung zwischen Lesern von Inhalten eine wichtige Möglichkeit verloren: die Weiterempfehlung. Wenn eine Paywall nicht durchlässig gestaltet ist, können Leser den entsprechenden Hyperlink zwar über ihr Netzwerk verbreiten, die nicht bei dem Content Anbieter registrierten Netzwerknutzer können diesen aber nicht aufrufen. Doch genau das verlangen Nutzer von PCA: 61% stimmen in einer Befragung der *Nielsen Company* der Aussage zu, dass mit dem Erwerb von Content auch ein Recht zur Weitergabe einhergehen muss.[188]

---

[186] Vgl. E-Circle/Mediacom Sciences (2010), S.24.
[187] Vgl. Kotler et al. (2010), S. 9.
[188] Vgl. Nielsen Company (2010), S. 12.

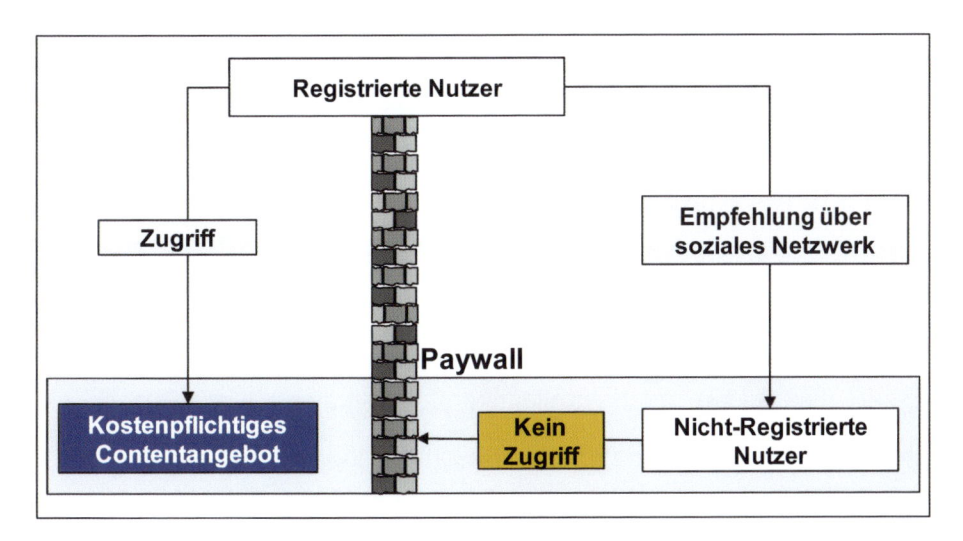

Abb. 21 | Die Paywall als Hindernis für Referrals[189]

Aktuelle Studien und Auswertungen des Datenverkehrs ergeben, dass Nachrichtenseiten im Internet immer mehr von Suchmaschinen und sozialen Netzwerken und deren Nutzern profitieren. Drei Prozent der Besucher von Nachrichtenseiten kommen dabei über *Facebook* und 40% über *Google*, welches mit *Google+* den Trend zum *Social Tagging* aufgreift.[190] Über *Twitter* verweisen mehr als die Hälfte aller deutschsprachigen *Tweets* auf Nachrichtenseiten und 32% auf redaktionelle Inhalte allgemein.[191]

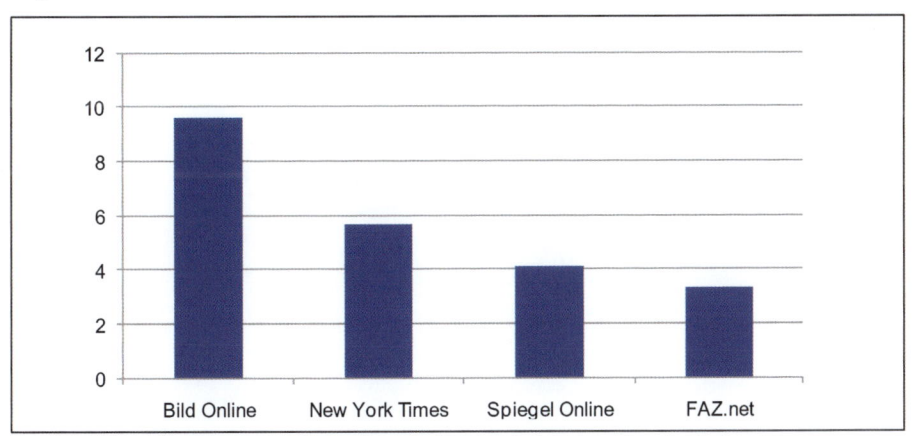

Abb. 22 | Anteil der Nutzer die über *Facebook* generiert wurden[192]

---

[189] Eigene Darstellung.
[190] Vgl. www.spiegel.de/netzwelt/web/0,1518,761447,00.html (08.08.2011). Angaben in %, Monat der Erhebung Februar 2011.
[191] Vgl. Universität Wien (2011), S. 12f.
[192] In Anlehnung an Comscore (2011).

Weblogs sind ebenfalls zu einer beliebten Quelle für Informationen geworden. Fast die Hälfte der deutschen User sieht Weblogs bereits als einen adäquaten Ersatz für Tageszeitungen.[193] Damit kommt den Weblogs im unendlichen Informationsangebot des Internets ebenfalls die Rolle eines Contentfilters zu - und zwar nach kostenfreien Inhalten. Um den Lesern ein Maximum an Hintergrundmaterial zu bieten, verweisen sie auf kostenfreie Links und ersparen damit dem zahlungsunwilligen Leser die Suche nach qualitativen Substituten. Das Prinzip der Nichtauschlussfähigkeit von Informationen, und die mangelnde Bereitschaft der Nutzer für redaktionelle Inhalte zu bezahlen, können so zu einer Verschiebung der Nutzung von kommerziellen Contentseiten zu Weblogs führen. Deren Inhalte werden zwar nicht in einem journalistischen Produktionsprozess aufbereitet, erfahren aber von den Nutzern eine große Akzeptanz.

---

[193] Vgl. van Eimeren/Frees (2010), S. 363.

Kapitel 5 Determinanten eines erfolgreichen Paid Content Modells

Die eingangs dargestellte Definition *Rockarts* beschreibt, dass der Erfolg eines Unternehmens auf dem Erfolg einiger weniger Kernbereiche beruht, anhand derer ein Geschäftsmodell aufgebaut werden sollte. Das folgende Kapitel fasst dieses Konzept der kritischen Erfolgsfaktoren auf und bezieht die Erkenntnisse der in Kapitel 3 und 4 untersuchten Aspekte ein. Die abgeleiteten Ergebnisse bauen auf den speziellen Charakteristika des Gutes Content und den Herausforderungen durch das veränderte Mediennutzungsverhalten auf. Die dargestellten Ergebnisse sind dabei jedoch nicht als Musterlösung zu betrachten, sondern verlangen je nach Anbieter und angebotenem Inhalt eine Prüfung hinsichtlich ihrer Gültigkeit.

5.1 Potenzielle Erfolgsfaktoren für Paid Content-Angebote

Aus der Analyse der vorangegangenen Kapitel wurde bereits deutlich, dass sich die Ausgestaltung des Geschäftsmodells anhand aller drei eingangs definierten Dimensionen der Erfolgsbetrachtung orientieren muss.

Aufgrund der Herausforderungen, vor denen Printverlage aktuell stehen, besteht das vorrangige Ziel in der Ausgestaltung eines Geschäftsmodells, welches die Abhängigkeit von der Werbewirtschaft verringert und die Überlebensfähigkeit von qualitativer Inhalteproduktion sicherstellt. Auf die Erreichung dieses Ziels müssen alle Handlungen und Maßnahmen aktueller Geschäftstätigkeiten ausgerichtet werden (Zielansatz). Um ein langfristig rentables Geschäftsmodell, aufbauend auf dem Verkauf von Content an die Nutzer, zu etablieren, ist eine Orientierung an deren Präferenzen und Bedürfnissen unabdingbar (Stakeholderansatz). Die dynamischen Veränderungen im Mediennutzungsverhalten verstärken die Bedeutung dieser Dimension. Da Bezahlinhalte auf einem Markt gehandelt werden, der eine äußerst wettbewerbsintensive und dynamische Struktur aufweist, ist eine bestmögliche Anpassung an rasch wechselnde Anforderungen innerhalb der Unternehmensumwelt notwendig (Systemansatz).

Die nachfolgend genannten Aspekte greifen diese Dimensionen auf und benennen Erfolgsfaktoren, die sich an den Nutzerpräferenzen sowie technologisch und wirtschaftlich effizienten Gesichtspunkten orientieren. Eine Übersicht über diese Erfolgsfaktoren bietet die folgende Grafik. Dabei erfolgt mit Hinblick auf die Definition *Kreilkamps* eine Differenzierung in Faktoren, die sich unmittelbar auf innerbetriebliche Gestaltungsoptionen des Modells beziehen, und auf unternehmensexterne Faktoren, deren Einbezug den Aufbau eines Bezahlmodells begünstigen.

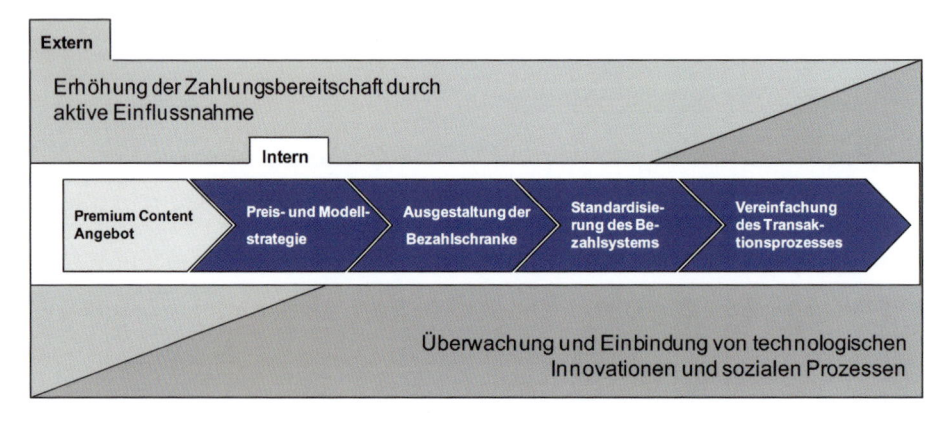

Abb. 23 | Erfolgsfaktoren für PCA[194]

1) Verfügbarkeit des „richtigen" Contents und Schaffung von Mehrwert

Die Exklusivität und der Nutzwert des Contents sind wesentliche Voraussetzungen für die Vermarktbarkeit von Inhalten. Wie aus der Analyse der verschiedenen Informationstypen in Kapitel 3.1.2 hervorgeht, besteht eine unterschiedliche Eignung für den Vertrieb innerhalb eines Modells für Bezahlinhalte. Die höchste Zahlungsbereitschaft liegt für Informationen vor, deren Rezeption einen Gebrauchswert für den Nutzer bietet. Besonders Informationen, die monetäre Vorteile generieren

---

[194] Eigene Darstellung. Vgl. hierzu Kap. 2.1.

(Verbrauchertests, Börseninformationen) und solche, die als Grundlage für Entscheidungen dienen (Statistiken, Studien), fallen in diese Kategorie. Die Möglichkeit, digitale Inhalte im Internet in (nahezu) unbegrenzter Menge zu archivieren und abrufbar zu machen, nimmt eine zentrale Schlüsselrolle ein, da auch für Archivbestände eine ausgeprägte Zahlungsbereitschaft vorhanden ist.[195] Da nicht alle Inhalteanbieter ausschließlich diese Art der Informationen vertreiben, müssen innerhalb des Modells andere Mehrwerte geschaffen werden (z.B. Kooperation mit Anbietern von *Premium Content*, Kopplung an Paid Service Angebote).

Paid Content kann nur erfolgreich sein, wenn die Nutzer den angebotenen Inhalten und deren Qualität ein großes Vertrauen entgegenbringen. In Zeiten kollaborativen Filterns kommt der Qualität der Inhalte eine noch bedeutendere Rolle zu. Um in dem unendlichen Informationsangebot des Internets Aufmerksamkeit auf die eigenen Angebote zu ziehen, müssen möglichst viele multiplikativ wirkende Netzwerknutzer durch qualitativ hochwertigen Premium Content angezogen werden. Dabei geht es nicht zwangsläufig um die tatsächlich wahrgenommene Qualität, sondern vielmehr um eine eigenständige und unverwechselbare Marke und Darstellungsform der Inhalte (Alleinstellungsmerkmal).

Daneben ist die Anbindung an soziale Netzwerke unerlässlich. Neben dem Zusatz-Angebot an virtuellen Communities (Foren, Chats, Kommentarfunktionen etc.), die hauptsächlich den sozialen Gedankenaustausch von Rezipienten mit gleichen Interessen fördern, muss eine stärkere Bindung zum Content-Anbieter erzeugt werden.

2) Preis- und Modellstrategie

Um Paid Content langfristig als Standbein der Verlage zu etablieren, müssen die Preismodelle nicht nur kostendeckend sein, sondern zusätzliche Gewinne generieren. Dabei muss allerdings genug Raum für

---

[195] Vgl. hierzu Kap. 3.3

innovative Preismodelle geschaffen werden. Da sich die Preismodelle für Bezahlinhalte aufgrund der speziellen Contenteigenschaften nur bedingt auf einer kostenbasierten Betrachtung aufbauen lassen, sind Preismodelle, die auf der Wertschätzung der Konsumenten beruhen, unabdingbar (*Value Based Pricing*).[196] Daher dürfen nicht die Kosten der Inhalterstellung und -distribution im Mittelpunkt stehen, sondern die Präferenzen und Zahlungsbereitschaft der Kunden. An dieser Stelle bieten sich innovative Ansätze an, die eine Vergütung nach der Wertschätzung der Nutzer ermöglichen und somit zusätzliche Erlöse generieren.[197] Aufgrund der nicht existenten Grenzkosten digitaler Informationsgüter, können hier trotzdem Deckungsbeiträge erwirtschaftet werden.

Die technologische Infrastruktur des Internets ermöglicht eine flexible Gestaltung der Preissetzung und Anpassung. Hierbei ist vor allem zu beachten, dass die Festlegung des Preises unmittelbar auf die Kundenbindung wirkt. Je höher der Preis angesetzt wird, desto eher wandern Kunden auf günstigere bzw. kostenlose Inhalte ab, auch wenn deren Qualität nicht zwangsläufig besser ist.[198] Erfolgreiche Preismodelle orientieren sich an der Art der vertriebenen Information und deren Nutzwert. Bieten sich für die Anbieter von General-Interest Nachrichten (Politik, Boulevard) Abonnements als Erlösmodell an, erscheinen für die Anbieter von Gebrauchsinformationen auch mengeninduzierte Modelle sinnvoll. Die Formen der Preisdifferenzierung bieten hier verschiedene Möglichkeiten um die Präferenzen der Nutzersegmente aufzugreifen und die verschiedenen Zahlungsbereitschaften abzuschöpfen.

3) Ausgestaltung der Bezahlschranke

Die Anbindung an soziale Netzwerke erhöht durch *Referrals* nachweislich den Datenverkehr auf der eigenen Website. Daher ist eine Ent-

---

[196] Vgl. Booz & Hamilton/Allen (2000), S. 76.
[197] Vgl. hierzu Kap. 3.3.
[198] Vgl. hierzu Kap. 4.2.2, Weblogs als Zeitungsersatz.

scheidung notwendig, inwieweit der Aufbau einer hohen Reichweite von Bedeutung ist. Der Ausgestaltung der Bezahlschranke spielt im Rahmen einer Untersuchung der Erfolgsfaktoren eine bedeutende Rolle. Wie aus dem Beispiel der *NYT* hervorgeht, besteht die Option, die Paywall durchlässig zu gestalten. Dabei ist das Motiv offensichtlich - neben den Einnahmen durch Nutzer des PCA wird versucht, den *Drive-by-Traffic*, der über Suchmaschinen und Netzwerke generiert wird, abzugreifen, um attraktiv für Werbekunden zu bleiben. Dabei werden loyale Stammkunden bestraft und es existiert keine Grundlage für ein valides und langfristiges Geschäftsmodell. Erfolgreich kann somit nur eine Strategie sein, bei der alle Nutzer gleich in Bezug auf die Möglichkeit des Zugangs behandelt werden.

4) Standardisierung des Bezahlsystems

Ein zentraler Erfolgsfaktor für die Etablierung von PCA ist ein Zahlungssystem, welches den Transaktionsprozess schnell, unkompliziert und sicher bewerkstelligen kann. Das gilt für alle in den Distributionsprozess eingebundenen elektronischen Endgeräte, mit denen der Nutzer PCA abrufen kann. Im Vordergrund steht dabei die Transfersicherheit, die gewährleistet, dass personenbezogene Daten nicht an unauthorisierte Dritte weitergegeben oder eingesehen und missbraucht werden können. Die Integration des Systems in den Bezahlprozess muss so benutzerfreundlich wie möglich gestaltet sein.[199] In diesem Zusammenhang erleichtert die Etablierung eines Branchenstandards den Vertrieb von Bezahlinhalten, da für den Nutzer nur die Registrierung bei einem Anbieter erforderlich ist. Dadurch werden Hürden beim Entscheidungsprozess abgebaut und der Zugang zum Angebot wird vereinfacht.[200] Um eine maximale Benutzerfreundlichkeit zu erreichen, muss das Zahlungssystem allen gängigen Internetstandards entsprechen und

---

[199] Vgl. Büttgen (2003), S. 184ff.
[200] Vgl. hierzu Kap. 3.2.

unabhängig von der benutzten Hard- und Systemsoftware des Nutzers sein.[201]

5) Komplexitätsreduktion des Transaktionsprozesses

Die Verfügbarkeit kostenfreier Contentsubstitute im Internet erfordert einen möglichst einfachen Prozess des Inhalteerwerbs. Wie in Kapitel 3.4 dargestellt, ist die Dauer und Benutzerfreundlichkeit des Transaktionsprozesses als maßgebliches Kriterium für oder gegen den Erwerb von Bezahlinhalten entscheidend. Neben dem Einsatz eines möglichst standardisierten *Micropayment Systems* muss der Prozess in jeder Phase so einfach und intuitiv wie möglich ausgestaltet sein, um einen Abbruch des Kaufvorgangs zu vermeiden. Die Informationen müssen einfach zu finden und zu erlangen sein. Besonders wenn im Rahmen eines *Freemium*-Modells *Premium Content* neben frei zugänglichem Content vermarktet wird, ist eine klare Trennung dieser Bereiche vorzunehmen. Um den Entscheidungsprozess zu vereinfachen, erweist sich eine Reduktion auf wenige differenzierte Angebotstypen als sinnvoll.[202]

Die Preisgabe personenbezogener Daten von Seiten des Nutzers sollte so gering wie möglich gehalten und stattdessen auf andere Formen der Messung des Nutzerverhaltens zurückgegriffen werden.

Dadurch, dass die Nutzer vermehrt über Empfehlungen auf die Websites der Verlage gelenkt werden, wird bereits in der Suchphase Komplexität reduziert. Nichtsdestotrotz ist es erforderlich, in den verbleibenden Phasen des Prozesses Anreize für die Inanspruchnahme des PCA zu schaffen. Der Kunde muss für die Preisgabe seiner Daten und den Erwerb des Contents „belohnt" werden. An dieser Stelle bieten sich Kooperationen mit E-Commerce Anbietern an, wodurch der Transaktionsprozess mit einem Mehrwert angereichert werden kann.

---

[201] Vgl. Beck/Prinz (1999), S. 122ff.
[202] Vgl. Booz & Hamilton/Allen (2000), S. 77f.

6) Kritische Masse – Zahlungsbereitschaft aktivieren

Um PCA langfristig zu etablieren, stellt die Einflussnahme auf die Verbraucherhaltung und deren Zahlungsbereitschaft den zentralsten kritischen Erfolgsfaktor dar. Wie in Kapitel 3.3 dargestellt, ist die Zahlungsbereitschaft für PCA im Internet bisher sehr schwach ausgeprägt. Darüber hinaus fehlt ein tiefergehendes Verständnis für die Notwendigkeit von PCA in Bezug auf die zukünftige Qualität des Contents.[203] Auch wenn die Einführung von PCA von den Verlagen derzeit mit oberster Priorität behandelt und im Rahmen der Distribution bereits umgesetzt wird, ist der Versuch einer Einflussnahme auf die Verbraucherhaltung nicht zu erkennen. Dies erfordert ein verändertes Marketing und den vermehrten Einsatz kommunikativer Maßnahmen von Seiten der Verlage. Ziel muss es sein, einen Dialog mit Kundengruppen aufzubauen und die Notwendigkeit für die Bezahlung redaktioneller Inhalte zu verdeutlichen. Dabei bilden soziale Netzwerke eine ideale Ausgangsbasis. Marken aus dem Medienbereich finden z.B. mit 55% die meisten Anhänger innerhalb des sozialen Netzwerkes *Facebook*, dicht gefolgt von Hilfsorganisationen.[204]

7) Monitoring und Einbindung technologischer Innovationen

Die Kompetenz, neue technologische Entwicklungen zu identifizieren und erfolgreich zu implementieren, stellt eine der zentralen Herausforderungen und Voraussetzungen für ein erfolgreiches PCA dar. Die sich verkürzenden Lebenszyklen von Hard- und Softwarekomponenten erfordern ein permanentes Monitoring, um innovative und wirtschaftlich effiziente Ansätze frühestmöglich zu identifizieren. Dies bezieht sich sowohl auf *Payment Systeme,* die Transaktionskosten minimieren, als auch auf Systeme, die Archivierung und Zugangsbeschränkung zum Content verwalten.

---

[203] Vgl. Nielsen Company (2010). S.8.
[204] Vgl. Mai (2010), S. 88.

Die steigende Verbreitung mobiler Endgeräte und die Verfügbarkeit verschiedener Betriebssysteme, über die der Abruf von PCA möglich ist, verlangt eine an Strategie und Inhalte angepasste Distribution. Das Angebot muss alle (technisch) möglichen Formate und deren Darstellung auf allen verfügbaren Endgeräten unterstützen, da zu viel Geschlossenheit auf dieser Ebene potenzielle Nutzergruppen ausschließt und das Geschäft mit Bezahlinhalten ausbremst. Dabei dürfen nicht nur bezahlpflichtige Applikationen für Nutzer eines marktdominierenden Betriebssystems entwickelt werden, da so potenzielle Kundengruppen und Umsatzströme außer Acht gelassen werden.

5.2 Einflüsse aus der Unternehmensumwelt

Aus der sich verändernden Unternehmensumwelt ergeben sich sowohl Chancen als auch Risiken, die sich langfristig auf die Ausgestaltung von PCA auswirken können.

Chancen

"The viewing and listening public has demonstrated repeatedly its willingness to spend for content, so long as there is some degree of perceived value."[205] Die Erfolge der Musik- und der Filmindustrie, aus dem Verkauf digitaler Daten an Endkunden Einnahmen zu generieren, geben Hoffnung, dass sich auch für redaktionelle Inhalte eine entsprechende Verbraucherhaltung entwickelt. Der erfolgreiche Absatz von kostenpflichtigen Applikationen an die Nutzer mobiler Endgeräte trägt dieser Hoffnung Rechnung.

Internetnutzer folgen immer weniger einzelnen Printmarken, sondern lassen sich von Empfehlungen innerhalb des Freundeskreises oder des Netzwerkes leiten. Nicht mehr der passive Konsument bestimmt das Bild, sondern vernetzt denkende Communitymitglieder, die selber zum Medium werden. Der offene Dialog mit Rezipienten bzw. die Beobach-

---

[205] Vgl. Wilwohl (2010), S. 60.

tung, was in diesen Netzwerken rezipiert und empfohlen wird, kann helfen, das Angebot an redaktionellen Inhalte und die Ausgestaltung der Angebotsmodelle an die Bedürfnisse der Nutzer anzupassen.

Weiter erweisen sich der demographische Wandel und dessen Auswirkungen auf die Mediennutzung für PCA als günstig, wenn auch mit verschiedenen Herangehensweisen: Die *Digital Natives*, die den Konsum digitaler Informationen gewohnt sind und aktiv betreiben, müssen für die Inanspruchnahme von Bezahlmodellen und deren Notwendigkeit überzeugt werden. Soziale Spendendienste wie *Flattr* zeigen, dass eine grundsätzliche Zahlungsbereitschaft, die auf der Wertschätzung der Nutzer aufbaut, vorhanden ist. Die *Digital Immigrants*, deren Altersstruktur in naher Zukunft die Gesellschaft prägen wird, wird immer Internet- und technikaffiner und weist gleichzeitig eine höhere Zahlungsbereitschaft für Printprodukte auf. Hier besteht also die Möglichkeit, über die Verknüpfung von Print- und Onlineabonnements die Leser auf das Onlinemedium zu überführen.

Die besondere Relevanz und die Aktualität des Themas sorgen für ein hohes Forschungsinteresse und die Verfügbarkeit entsprechender Studien und Statistiken. Diese können genutzt werden, um die Erkenntnisse in den Aufbau eines eigenen Geschäftsmodells einfließen zu lassen.

Risiken

„Even if the paywall proponents manage to get all commercial news media to participate, there will still be a wealth of noncommercial or unaffiliated Web sites online that will provide news and commentary at no charge."[206] Besonders im dualen System zwischen öffentlich-rechtlicher und privatrechtlicher Medienwirtschaft führt dies zu der Schwierigkeit, eine umfassende Zahlungsbereitschaft für Inhalte im Internet aufzubauen. Da außerdem im Internet kostenlose Angebote die schnellste Ver-

---

[206] McChesney /Nichols (2010), S. 73.

breitung finden, erzielen diese auch die größte Reichweite und damit hohe Umsätze durch die Bereitstellung von Werberaum.

Selbst wenn die gesamte Verlagsbranche auf Paid Content umstellt, besteht die Gefahr, dass Unternehmen die nicht zwangsläufig aus dem Mediensektor kommen müssen (und denen Marktanteile wichtiger sind als Online-Umsätze), kostenfreien Content anbieten.[207] Bei entsprechender Finanzkraft müssen diese Unternehmen ihr Angebot an Content nicht unbedingt als Profitcenter betrachten, sondern lediglich als Marketinginstrument.[208] Online Newsportale (z.B. *Google News*) stellen bei nicht konsequenter Ausgestaltung der Paywall ebenfalls eine Bedrohung für das neue Online Geschäftsmodell der Verlage dar, da Sie Inhalte verschiedener Anbieter aggregiert und kostenlos zur Verfügung stellen.

„Exklusivität gibt es im Internet immer nur für fünf Minuten"[209] - ein Risiko, dass eine Strategie, die alleine auf der Exklusivität der Inhalte aufbaut, schnell zunichtemachen kann. Ist eine Information veröffentlicht, wird Sie in kürzester Zeit adaptiert, verändert und in andere Kanäle (Foren, Netzwerke, Blogs) eingespeist. Die Dynamik des Internets kann somit Geschäftsmodelle in kürzester Zeit hinfällig werden lassen.

Dem Aufbau von Reichweite der sozialen Netzwerke wird die wirtschaftliche Nutzung folgen. Auch diese werden versuchen ihre Leistungs- und Wettbewerbsfähigkeit zu stärken, da deren Investoren gewinnorientiert handeln. Netzwerke bieten aufgrund ihrer detaillierten Kenntnisse über die User die besten Voraussetzungen für die Kooperation mit E-Commerce Anbietern oder anderen werbetreibenden Unternehmen.

5.3 Operative Handlungsoptionen

Die bisher vielfach gescheiterten Versuche, PCA zu etablieren, sollten kein Grund sein, abzuwarten, bis ein anderer Verlag eine rentable Form

---

[207] Vgl. Kap. 3.1.1, Wettbewerb durch Anbieter von Free Content.
[208] Vgl. Keul/Knasmüller (2002), S. 73f.
[209] Vgl. Keul/Knasmüller (2002), S. 49f.

der Finanzierung entwickelt. Die dynamischen Entwicklungen im Internet tragen diesem Umstand Rechnung - Geschwindigkeit und die Generierung eines *First Mover Advantages* können einen erheblichen Einfluss auf den Erfolg haben. Nach dem (bisherigen) Prinzip „*Launch & Learn*" sollte verfahren werden. Das Konzept muss klar durchdacht werden, Feinheiten lassen sich jedoch im Detail entwickeln.

Der größte Handlungsbedarf besteht bei der Einflussnahme auf die Zahlungsbereitschaft der Nutzer. Um die Zahlungsbereitschaft einer kritischen Masse zu aktivieren, müssen verstärkt kommunikative Maßnahmen unter Einbezug sozialer Netzwerke umgesetzt werden. Denkbar ist hier eine *Pro-Paid-Content Kampagne*, die auf den Grundsätzen der vernetzten Kommunikation in sozialen Netzwerken aufbaut und die Notwendigkeit von Paid Content zur Sicherung der Contentqualität verdeutlicht.

Darauf aufbauend ist eine konsequente Strategie in Bezug auf die Finanzierung durch Werbung notwendig. Wenn die Einnahmen aus dem Verkauf von Anzeigenplätzen weiterhin eine große Rolle spielen sollen, muss ein *Freemium*-Modell gewählt werden, damit Nutzer einen Mehrwert haben, wenn Sie für den Content zahlen. Bei einer Finanzierung durch die Nutzer im Rahmen einer Paywall, muss diese den *Drive-by-Traffic* ignorieren und zahlende Nutzer bevorzugt behandeln. Die Ankündigung, dass Inhalte in Zukunft nur noch gegen Entgelt genutzt werden können, muss dabei strategisch behandelt und die Gründe für diese Entscheidung transparent dargelegt werden. Die Einführung wird zwangsläufig eine Abwanderung der Nutzer und der Werbekunden zu kostenlosen Angeboten zur Folge haben, die nur durch ein ausreichend differenziertes Angebot für den Inhaltezugang und eine entsprechende Bindung an den Contentanbieter abgefangen werden kann.

Um die Nutzer an PCA zu gewöhnen empfiehlt es sich, Preise für Content durch niedrige Einführungspreise anzulernen. Verstärkt sollte in dieser Phase auch auf Anreize für die Inanspruchnahme gesetzt werden. Denkbar sind hier z.B. Kooperationen mit E-Commerce Anbietern, die einen Mehrwert gegenüber kostenfreien Inhalten bieten (z.B. Bonuspunkte Aktionen, Gutscheine etc.)

Auch wenn es bereits Bezahlsysteme gibt, die eine dominierende Marktposition eingenommen haben, gilt es zu überlegen, ob im Zuge eines Zusammenschlusses der Verlage ein Bezahlsystem entwickelt werden kann, das auf den Nutzergewohnheiten und Bedürfnisse der Paid Content Kunden aufbaut. Dabei sollten sie sich aber nicht nur auf die Impulse von externen Dienstleistern verlassen, sondern aktiv und kreativ an einer eigenen Lösung arbeiten. Die Verlage der Zukunft müssen in diesen Bereichen eigenständige Kompetenzen aufbauen, um langfristig mit Wettbewerben wie *Google* oder *Facebook* mithalten zu können, die ebenfalls eigene Systeme entwickeln oder einkaufen.[210]

Da Nutzer für Gebrauchsinformationen von Inhalten bereit sind zu zahlen, bietet es sich an, den Verkauf solcher Informationen in den Fokus zu stellen. Die in Kapitel 4.1 dargestellte intensive Nutzung des Internets als Informationsmedium ermöglicht den Verlagen eine große Zahl potentieller Abnehmer. Aufgrund der Einfachheit, der ständigen Verfügbarkeit und des unbegrenzten Datenbestands ist das Internet hier erste Anlaufstelle. Das Beispiel des *Handelsblatt* zeigt, dass bspw. die Kooperation mit einem Anbieter von werthaltigen Gebrauchsinformationen, die Wert redaktioneller Inhalte erhöht.

Um ein Bezahlmodell zu rechtfertigen muss der Aufbau attraktiver Online-Inhalte, Services und Onlinemarken weitergeführt werden. Dabei gilt es jedoch auch neue Ideen zu wagen: Der Abruf von Content im Internet muss im Netz nicht wie eine gedruckte Zeitung funktionieren. Eine Orientierung am Konzept der *Social Networks* erscheint denkbar. Jeder registrierte Leser könnte, ähnlich wie bei Netzwerken, sein persönliches Profil anlegen und seinen individuellen News Feed einsehen, in den sowohl die Meldungen der Zeitung, als auch die des Netzwerks eingehen. Der Leser hätte damit ein maximal personalisiertes Nachrichtenmedium. Kooperationen mit den Anbietern sozialer Netzwerke sind un-

---

[210]Vgl. www.facebook.com/credits/ (08.08.2011).

umgänglich. Nutzer könnten sich beispielsweise die Einblendung der Inhalte im Rahmen ihres Abonnements bei einem Contentanbieter in ihrem Netzwerkprofil anzeigen lassen.

Kapitel 6 Fazit

Die im Jahr 2000 geltende Annahme, dass elektronische Formen der Inhaltedistribution und –verwertung mittelfristig nicht in der Lage sein werden, gedruckte Zeitungen und Zeitschriften zu verdrängen, hat sich bewahrheitet.[211] Der Vorteil des gedruckten Printmediums, über einen lange aufgebauten Distributionsapparat zu verfügen, der große Teile der Bevölkerung abdeckt, wird jedoch durch die nahezu flächendeckende und ortsungebundene Verfügbarkeit des Internets und eine Mediennutzung, die sich immer stärker ins Internet verlagert, zunichte gemacht.

Zusammenfassung und Ausblick

Auch wenn die Diskussion über die Ausgestaltung von Paid Content Modellen und deren Einführung für die Verlage mit absoluter Priorität durchgeführt wird, steht das Thema und dessen Potenzial noch ganz am Anfang. Darüber, ob und in welchem Umfang Paid Content die Lücke schließen kann, die ausbleibende Online Werbung hinterlassen hat, kann nur spekuliert werden. Fakt ist aber dennoch, dass die Verlage ihren wertvollen Content nicht länger verschenken dürfen. Aus Lesern müssen zahlende Kunden gemacht werden. *Gabor Steingart*, Chefredakteur des *Handelsblatt*, beschreibt treffend die Notwendigkeit eines etablierten Bezahlmodells für Content: „Wenn die Medien alles verschenken, zerstören Sie sich selbst. Eine Brauerei, die jeden Tag Freibier anzapft, kann zwar abends damit prahlen, dass Sie viele Hektoliter unters Volk gebracht hat, aber das Ende dieser Firmenpolitik ist klar: Das Volk ist betrunken und die Brauerei ist pleite."[212]

Die mediale Konvergenz ist noch lange nicht abgeschlossen und wird die Geschäftsmodelle und die Märkte, auf denen die Printverlage agieren weiterhin nachhaltig verändern. Die Kostenstruktur und die rückläufigen Einnahmen aus dem Printgeschäft sprechen jedoch langfristig für eine ausschließliche Verlagerung des Inhalteangebots ins Internet. Das

---

[211] Vgl Hess/Schumann (1999), S. 206f.
[212] Vgl. Meier (2011),S. 71.

Einzige, was die gedruckten Zeitungen am Leben erhält, ist die Gewohnheit einer speziellen Nutzergruppe, die sich unweigerlich rückläufig entwickelt.

Die steigende Flut an Informationen im Internet verlangt Instrumente, die wichtige und interessante Inhalte innerhalb eines geringen Aufwand-Nutzen Verhältnisses verfügbar machen. Durch die schnelle Entwicklung von Netzwerken, und den sich darin entwickelten Kommunikationsbeziehungen, hat die Bindung an eine Marke an Relevanz verloren - im Vordergrund steht die Anzahl der Bewertungen und Empfehlungen seitens des eigenen Netzwerks. Der Aufbau von Netzwerken mit Personen, die gleiche Interessen haben, erleichtert die Selektion von Inhalten. Soziale Netzwerke (beruflich und privat) sind für die Nutzer zu einer zentralen Plattform geworden, die Informationen anbietet, ohne diese aktiv suchen zu müssen. Alles was von einer Gesellschaft (die in der westlichen Welt mehrheitlich in sozialen Netzwerken vertreten ist) als wichtig empfunden wird, kann innerhalb des Netzwerkes erfahren werden. Auch wenn die Verlage dies erkannt und eine Anbindung an diese Netzwerke bereits vollzogen haben, ist eine ideale Einbindung in die Strategie noch nicht zu erkennen. Die Verlage müssen sich daher vielmehr als Organisator von Communities und als Informationsdienstleister bestimmter Zielgruppen und Branchen verstehen, um in einer immer promiskuitiveren Umwelt bestehen zu können. Die Produkte müssen dabei primär in den Hintergrund und die sozialen Interaktionsprozesse in den Vordergrund treten.

Die Ergebnisse dieser Untersuchung greifen die veränderten Rahmenbedingungen auf und liefern aufbauend aus der Analyse aktueller Trends und Fakten Ansätze, für ein erfolgreiches Paid Content Geschäftsmodell. Um die Ergebnisse zu fundieren, gilt es, diese empirisch zu untersuchen und deren Realisierbarkeit zu belegen.

Gesellschaftlicher und demografischer Wandel sowie technologische Innovationen haben das Mediennutzungsverhalten zu jeder Zeit verändert und somit eine Anpassung von Strategien und Geschäftsmodellen von Seiten der Printverlage verlangt. Die Fähigkeit der Verlage innovative Geschäftsmodelle aufzubauen, und die Weiterentwicklung von Technologien und sozialen Prozessen liefern sich ein Rennen, dessen Ausgang nicht vorhersehbar ist. Dabei stehen die Verlage nicht nur vor der Herausforderung, ihre Defizite aus der Vergangenheit aufzuarbeiten und an heutige Begebenheiten anzupassen, sondern im Idealfall die Frage zu beantworten: wie werden Inhalte in der Zukunft konsumiert? Die Dynamik in einer immer globaler und komplexer werdenden Welt stellt damit sowohl die Gesellschaft, als auch die Unternehmen vor schwierige Herausforderungen, die eine ständige Anpassung und Erweiterung der bestehenden Angebote und Erlösmodelle erfordert.

Quellenangaben

Literaturverzeichnis

Adrian, W. (1989): *Strategische Unternehmensführung und Informationssystemgestaltung auf der Grundlage kritischer Erfolgsfaktoren. Ein anwendungsorientiertes Konzept für mittelständische Unternehmen.* Bamberg: Universität Bern.

Amberg, Michael / Lang, Michael (2011): *Innovationen durch Smartphone & Co. Die neuen Geschäftspotenziale mobiler Endgeräte.* Düsseldorf: Symposium Publishing.

Anderson, Chris (2009): *Free. Kostenlos. Geschäftsmodelle für die Herausforderungen des Internets.* Frankfurt, New York: Campus.

Anding, Markus (2004): *Online Content Syndication. Theoretische Fundierung und praktische Ausgestaltung eines Geschäftsmodells der Medienindustrie.* Wiesbaden: Gabler.

Beck, Hanno (2002): *Medienökonomie. Print, Fernsehen und Multimedia.* Berlin [u.a.]: Springer.

Beck, Hanno / Prinz, Aloys (1999): *Ökonomie des Internet. Eine Einführung.* Frankfurt, New York: Campus.

Bleicher, Knut (1989): *Zum Management von zwischenbetrieblicher Kooperation. Vom Joint Venture zur strategischen Allianz.* In: Führungsorganisation und Technologiemanagement. Festschrift für Friedrich Hoffmann zum 65. Geburtstag, S. 77–89.

Bonfadelli, Heinz / Jarren, Heinz / Siegert, Ottfried (2005): *Einführung in die Publizistikwissenschaft.* 2. Aufl. Bern [u.a.]: Haupt.

Booz & Hamilton Allen (2000): *10 Erfolgsfaktoren im e-business. Die Strategien der Gewinner. Eine Analyse neuer Geschäftsansätze im Internet.* Frankfurt: Frankfurter Allgemeine Buch.

Brack, Anke (2003): *Das strategische Management von Medieninhalten. Gestaltungsoptionen für die langfristige Erfolgssicherung in Medienmärkten.* Wiesbaden: Gabler.

Brandtweiner, Roman (2000): *Differenzierung und elektronischer Vertrieb digitaler Informationsgüter.* Düsseldorf: Symposium Publishing.

Breyer-Mayländer, Thomas / Seeger, Christof (2006): *Medienmarketing.* Wiesbaden: Vahlen.

Brodt, Torben (2010): *Collaborative Filtering für automatische Empfehlungen.* Saarbrücken: VDM Verlag Dr. Müller.

Bruhn, Manfred (2008): *Qualitätsmanagement für Dienstleistungen. Grundlagen, Konzepte, Methoden.* 7. Aufl. Berlin: Springer.

Buettgen, Marion (2003): *Online-Kooperationen. Erfolg im E-Business durch strategische Partnerschaften.* Berlin: Gabler.

Choi, Soon-Yong / Stahl, Dale O. / Whinston, Andrew B. (1997): *The Economics of Electronic Commerce.* Indianapolis: Macmillan.

Clement, Michael / Schusser, Oliver / Papies, Dominik (2008): *Ökonomie der Musikindustrie.* 2. Aufl. Wiesbaden: Gabler.

Clement, Rainer / Schreiber, Dirk (2010): *Internet-Ökonomie. Grundlagen und Fallbeispiele der vernetzten Wirtschaft.* Heidelberg [u.a.]: Physica-Verl.

Deutscher Dialogmarketing Verband (Hg.) (2011): *Dialogmarketing-Perspektiven 2010/2011. 5. wissenschaftlicher interdisziplinärer Kongress für Dialogmarketing.* Wiesbaden: Gabler.

Dreiskämper, Thomas (2009): *Marktstrategien im TV-Business.* In: Christian Schicha/Olaf Hofjann (Hg.), Handbuch Medienmanagement, S. 115–138.

Eckhardt, Jens (2003): *Redaktionelle Konzepte für einen erfolgsorientierten Wirtschaftsjournalismus.* In: Claudia Mast, Wirtschaftsjournalismus, Neue Konzepte, S. 171–260.

Edling, Herbert (2006): *Volkswirtschaft. Schnell erfasst.* Berlin: Springer.

Emrich, Christian (2008): *Multi-Channel Communications- und Marketing-Management.* Wiesbaden: Deutscher Universitäts-Verlag.

Fehr, Hannes (2003): *Paid Content erfolgreich verkaufen.* Hamburg: Hansebuch.

Ferell, O.C / Pride, William M. (2002): *Marketing. Concepts and Strategies.* Boston: Houghton Mifflin.

Friedman, Milton (1975): There Aint't no Such thing as a Free Lunch. Chiago: Open Court Pub Co.

Fritz, Wolfgang (1995): *Marketing Management und Unternehmenserfolg. Grundlagen und Ergebnisse einer empirischen Untersuchung.* 2. Aufl. Stuttgart: Schäffer-Poeschel.

Fritz, Wolfgang (2001): *Internet-Marketing. Marktorientiertes E-Business in Deutschland und den USA.* Stuttgart: Schäffer-Poeschel.

Gabler Verlag [Hrsg.] (2010): *Gabler Wirtschafts-Lexikon.* 18. Aufl. Wiesbaden: Gabler.

Gillies, James / Cailliau, Robert (2000): *How the web was born. The story of the World Wide Web.* New York: Oxford University Press Inc.

Gläser, Martin (2010): *Medienmanagement.* 2. Aufl. München: Vahlen.

Grass, Julia (2010): *Publikumszeitschrift im Netz. Medienmarke und Inhalt als Erfolgsfaktor.* München: Grin Verlag.

Gust Loh, Sonja (2009): *Evidenzbasiertes Wissensmanagement.* Wiesbaden: Gabler.

Hasebrink, U. (2007): *Konvergenz aus Nutzerperspektive. Das Konzept der Kommunikationsmodi.* In: *Mediennutzung in konvergierenden Medienumgebungen*, Bd. 1, S. 67–86.

Hass, Berthold H. (2006): *Content Management. Inhalte für Neue Medien strategisch nutzen.* In: Olaf scholz[Hrsg.], Handbuch Medienmanagement, Bd. 2, S. 375–392.

Hass, Berthold H. (2002): *Geschäftsmodelle von Medienunternehmen. Ökonomische Grundlagen und Veränderungen durch neue Informations- und Kommunikationstechnik.* Wiesbaden: Deutscher Universitäts-Verlag.

Heinrich, Jürgen (2001): *Medienökonomie. Band 1: Mediensystem, Zeitung, Zeitschrift, Anzeigenblatt.* 2. Aufl. Wiesbaden: VS Verlag für Sozialwissenschaften.

Hess, Thomas / Schumann, Matthias (1999): *Medienunternehmen im digitalen Zeitalter. Neue Technologien - Neue Märkte - Neue Geschäftsansätze.* Wiesbaden: Gabler.

Hofer, Michael (2000): *Medienökonomie des Internet.* Berlin: LIT Verlag.

Keul, Thomas / Knasmüller, Robert (2002): *Real new Economy.* München: FT Prentic Hall.

Kiefer, Marie Luise (2005): *Medienökonomik. Einführung in eine ökonomische Theorie der Medien.* 2. Aufl. München u.a: Oldenbourg.

Kotler, P. / Armstrong, G. / Saunders, J. / Wong, V. (2010): *Grundlagen des Marketing.* München: Pearson Studium.

Kotler, Philip / Bliemel, Friedhelm (2001): *Marketing-Management. Analyse, Planung und Verwirklichung.* 10. Aufl. Stuttgart: Schäffer-Poeschel.

Kreilkamp Edgar (1987): *Strategisches Management und Marketing. Markt- und Wettbewerbsanalyse, Strategische Frühaufklärung, Portfolio Management.* Berlin: De Gruyter.

Kuhn, Axel (2006): *Electronic Commerce. Interface Design und Website-Gestaltung im Business-to-Consumer Bereich.* Berlin: LIT Verlag.

Lange, Corina [Hrsg.] / Weinberg Tamar (2011): *Social Media Marketing. Strategien für Twitter, Facebook & Co.* Köln: O´Reilly.

Lihotzky, Nikolai (2003): *Kundenbindung im Internet. Maßnahmen und Erfolgswirksamkeit im Business-to-Consumer-Bereich.* Wiesbaden: Deutscher Universitäts-Verlag.

Mai, Jochen (2010): *Das zweite Internet.* In: Wirtschaftswoche Nr. 46 Ausgabe 15.11.2010, S.84-91. Düsseldorf: Handelsblatt Verlag.

Mankiw, Gregory N. / Taylor, Mark P. (2008): *Grundzüge der Volkswirtschaftslehre.* 4. Aufl. Stuttgart: Schäffer-Poeschel.

McChesney Robert W. / Nichols, John (2010): *The Death and Life of American Journalism. The Media Revolution that Will Begin the World Again.* New York: Nation Books.

McGovern, Gerry / Norton, Rob (2002): *Content critical. Gaining competitive advantage through high-quality Web content.* Harlow: FT Prentic Hall.

Meffert, Heribert / Burmann, Christoph / Kirchgeorg, Manfred (2008): *Marketing. Grundlagen marktorientierter Unternehmensführung.* 10. Aufl. Wiesbaden: Gabler.

Meier, Christian (2011): *Erlösmodelle im E-Publishing. Wie sich Medien auf Tablets und Smartphones neu erfinden können.* Hamburg: Tredition.

Meisner, Harald (2006): *Einführung in die Internetökonomie. Arbeiten und Investieren in einer modernen Wirtschaft.* 2. Aufl. Berlin: LIT Verlag.

Meyen, Michael (2004): *Mediennutzung. Mediaforschung, Medienfunktionen, Nutzungsmuster.* 2. Aufl. Konstanz: UVK-Verlags-Gesellschaft.

Metzger, Gregor (2007): *Kritische Erfolgsfaktoren für kostenpflichtige digitale Finanzinformationen.* München: Grin Verlag.

Peters, Ralf (2010): *Internet-Ökonomie.* Berlin [u.a.]: Springer.

Picot, Arnold / Reichwald, Ralf / Wigand, Rolf T. (2001): *Die grenzenlose Unternehmung. Information, Organisation und Management / Lehrbuch zur Unternehmensführung im Informationszeitalter.* 4. Aufl. Wiesbaden: Gabler.

Pousttchi, Key / Turowski, Klaus (2003): *Mobile Commerce. Grundlagen und Techniken.* Berlin: Springer.

Rademacher, Patrick / Siegert, Gabriele (2005): *Neue Erlösformen für Publikumszeitschriften. Kaufpreis und Medienmarke als Erfolgsfaktor für Paid Content.* In: Perspektiven für die Publikumszeitschrift, S. 482–502.

Rawolle, Joachim (2002): *Content Management integrierter Medienprodukte. Ein XML-basierter Ansatz.* 1. Aufl. Wiesbaden: Deutscher Universitäts-Verlag.

Rockart, John F. (1979): *Chief executives define their own data needs.* In: Harvard Business Review 57 (2), S. 81–93.

Schmidt, Sebastian (2007): *Das Online-Erfolgsmodell digitaler Produkte. Strategische Wirkungspotenziale und operative Handlungsoptionen.* Wiesbaden: Gabler.

Shapiro, Carl / Varian Hal R. (1998): *Information Rules. A Strategic Guide to the Network Economy.* Boston: Harvard Business Press.

Shapiro, Carl / Varian Hal R. (1999): *Online zum Erfolg. Strategien für das Internet-Business.* München: Langen/Müller.

Sigler, Constanze (2010): *Online-Medienmanagement. Grundlagen - Konzepte - Herausforderungen. Mit Praxisbeispielen und Fallstudien.* Wiesbaden: Gabler.

Stahl, Florian (2005): *Paid Content. Strategien zur Preisgestaltung beim elektronischen Handel mit digitalen Inhalten.* Wiesbaden: Dt. Univ.-Verl.

Steinkircher, Peter (2010): *Kassenhaus im Internet.* In: Wirtschaftswoche Nr. 4 Ausgabe 25.01.2010, S.37-41. Düsseldorf: Handelsblatt Verlag.

Szyszka, Peter (2004): *PR-Arbeit als Organisationsfunktion. Grundlagen und Perspektiven der PR-Forschung.* Wiesbaden: VS Verlag für Sozialwissenschaften.

Tapscott, Don / Williams, Anthony D. (2009): *Wikinomics. Die Revolution im Netz.* München: Dt. Taschenbuch-Verl.

Tereschenko, Olga / Kieneke, Tobias (2007): *Erfolgsfaktoren. Stand der Forschung und Entwicklungsperspektiven.* Saarbrücken: VDM Verlag Dr. Müller.

Tjaden, Gregor (2003): *Erfolgsfaktoren virtueller Unternehmen. Eine theoretische und empirische Untersuchung.* Wiesbaden: Deutscher Universitäts-Verlag.

Tomsen, Marie-Luise (2001): *Killer Content. Strategien für das erfolgreiche Content Management im E-Commerce.* München: Addison-Wesley.

Vizjak, A. / Ringlstetter M. [Hrsg.] (2001): *Medienmanagement: Content gewinnbringend nutzen. Trends, Business-Modelle, Erfolgsfaktoren.* Wiesbaden: Gabler.

Wirtz, Bernd W. (2001): *Electronic Business.* 2. Aufl. Wiesbaden: Gabler.

Wirtz, Bernd W. (2008): *Medien- und Internetmanagement.* 6. Aufl. Wiesbaden: Gabler.

Wöhe, Günter / Döring, Ulrich (2010): *Einführung in die allgemeine Betriebswirtschaftslehre.* 24. Aufl. München: Vahlen.

Zerdick, Axel (2001): *Die Internet-Ökonomie. Strategien für die digitale Wirtschaft.* 3. Aufl. Berlin [u.a.]: Springer.

Internetquellen

AGOF (2011): *AGOF internet facts 2010-IV veröffentlicht. Hohe Online-Durchdringung in allen Altersklassen.* Online verfügbar unter http://www.agof.de/index.download.2d7735e2b59daf0246706eadb6fc9c2e.pdf. Zuletzt geprüft am 08.08.2011.

BITKOM (2011): *Das Web ist das wichtigste Medium unter Internetnutzern. Presseinformation.* Online verfügbar unter http://www.bitkom.org/60376.aspx?url=BITKOM_Presseinfo_Internet_wichtigstes_Medium_14_07_2011.pdf&mode=0&b=Presse. Zuletzt geprüft am 08.08.2011.

Bonhard P. / Sasse M. A (2006): *Knowing Me, Knowing You. Using Profiles and Social Networking to Improve Recommender Systems.* In: *BT Technology Journal* (25 Vol. 3) s.84-98. Online verfügbar unter http://hornbeam.cs.ucl.ac.uk/hcs/people/documents/Angela%20Publications/2006/BTTJrecommender.pdf . Zuletzt geprüft am 08.08.2011.

Bundesverband des Deutschen Versandhandels e.V. (2011): *Bezahlmöglichkeiten im interaktiven Handel.* Berlin/Neuss. Online verfügbar unter http://www.versandhandel.org/presse/pressemitteilungen/details/datum/2011/mai/artikel/aktuelle-studienergebnisse-ein-viertel-aller-smartphone-besitzer-nutzt-mobile-commerce-auch-mobil/. Zuletzt geprüft am 08.08.2011.

Busemann, Katrin / Gscheidle, Christoph (2010): *Web 2.0. Nutzung steigt - Interesse an aktiver Teilhabe sinkt. Ergebnisse der ARD/ZDF Online Studie 2010.* In: *Media Perspektiven* (8), S. 359–368. Online verfügbar unter http://www.ard-zdf-onlinestudie.de/fileadmin/Online10/07-08-2010_Busemann.pdf. Zuletzt geprüft am 08.08.2011.

Comscore (2011): *Trafficlieferanten der Medien. Facebook gewinnt - Google verliert.* Online verfügbar unter http://faz-community.faz.net/blogs/netzkonom/archive/2011/03/28/trafficlieferanten-der-medien-facebook-gewinnt-google-verliert.aspx. Zuletzt geprüft am 08.08.2011.

EARSandEYES / Statista GmbH (2010): *Das iPad in Deutschland.* Pressemitteilung. Online verfügbar unter http://www.google.de/url?sa=t&source=web&cd=4&ved=0CCoQFjAD&url=http%3A%2F%2Fwww.earsandeyes.com%2Fdownloads%2Fipad-studie_statista-final-5_2010.pdf&rct=j&q=filetype%3Apdf%20Statista%20Das%20iPad%20in%20Deutschland&ei=eM83Trg4zOg51biJ2gM&usg=AFQjCNEq1JWmjzoFefX6m2ibkeMreuwbrg. Zuletzt geprüft am 08.08.2011.

E-Circle / Mediacom Science (2010): *Der Europäische Social Media und E-Mail Monitor. 6 Länder Studie zum digitalen Dialog mit Facebook, Twitter, E-Mail & Co. Ergebnisse Deutschland Teil 1.* Online verfügbar unter http://www.ecircle.com/de/knowledge-center/studien/social-media-studie-2010.html. Zuletzt geprüft am 08.08.2011.

Gabe, Marcus / Transaction Consulting (2010): Paid Content. *Chancen für die Medienindustrie.* In: *Werbewoche, Ausgabe 30.06.2010*, S. 31. Online verfügbar unter http://www.transaction-consulting.com/wp/?page_id=24. Zuletzt geprüft am 08.08.2011.

GfK SE / SirValUse Consulting GmbH (2011): *Case Study Bezahlschranke.* Online verfügbar unter www.webvalueindex.de%2Ffileadmin%2Fwebvalues%2FDokumente_Branchen%2FMedien%2Fcasestudy_bezahlschranke.pdf%3FPHPSESSID%3Dk0uv98bntdr3ualnq37 d105jk3&rct=j&q=filetype%3Apdf%20GFK%20Case%20Study%20Bezahlschranke&ei =LtM3TsbSJIKM-wb-7OmmAg&usg=AFQjCNES7xTXU_mCo4ij86EuZr1kAOpB7g . Zuletzt geprüft am 08.08.2011.

Google (2011): *Technische Anforderungen. Websites mit Registrierung.* Online verfügbar unter http://www.google.com/support/news_pub/bin/answer.py?answer=40543. Zuletzt geprüft am 08.08.2011.

Nielsen Company (2010): *Changing Models. A global Perspective on Paying for Content Online.* Online verfügbar unter http://blog.nielsen.com/nielsenwire/reports/paid-online-content.pdf. Zuletzt geprüft am 08.08.2011.

Prensky, Marc (2001): *Digital Natives, Digital Immigrants.* Online verfügbar unter http://www.marcprensky.com/writing/prensky%20-%20digital%20natives,%20digital%20immigrants%20-%20part1.pdf. Zuletzt geprüft am 08.08.2011.

Sen, Evrim (2011): *Social Media ist nicht "soziale Medien". Eine Aufklärung für Digital Immigrants.* In: *Social Media Magazin 01/2011*, S. 5–7. Online verfügbar unter http://www.social-media-magazin.de/index.php/heft-nr-2011-1/social-media-nicht-soziale-medien.html. Zuletzt geprüft am 08.08.2011.

Theysohn, Sven / Prokopowicz, Agnieszka / Skiera, Bernd (2005): *Der Paid Content-Markt. Eine Bestandsaufnahme und Analyse von Preisstrategien.* In: *Medienwirtschaft* 4/2005, S. 170–181. Online verfügbar: http://www..marketing.uni-frafurt.de%2Ffileadmin%2FPublikationen%2FDer_Paid_Content_Markt___Eine_Bestandsaufnahme_und_Analyse_von_Preisstrategien.pdf&ei=OAQ4TpCPJs3EtAaevIAe&usg=AFQjCNEVW3PwGB79Ot2mhI6nxOucymCnYg&sig2=NQ1EMF31C4M-J99Wtngr4w. Zuletzt geprüft am 08.08.2011.

TNS Infratest / Otto Group / Google / Trendbüro (2011): *Go Smart 2012. Study on the Future of Smart Phone Use and the significance of m-commerce.* Online verfügbar unter http://www.ihknuernberg.de%2Fnbg%2Fmedia%2FPDF%2FKommunikation%2Fgo_smart.pdf&rct=j&q=filetype%3Apdf%20go%20smart%202012&ei=Qec3ToLsAsr0-gbLvJHPAg&usg=AFQjCNEqRpu6BOjKFwu4kqbQwX8lTn3eNA. Zuletzt geprüft am 08.08.2011.

Tomorrow Focus Media (2011): *Mobile Effects Mai 2011.* Online verfügbar unter http://.tomorrowfocusmedia.de%2Fuploads%2Ftx_mjstudien%2FMobile_Effects_2904 2011_01.pdf&rct=j&q=filetype%3Apdf%20Tomorrow-Focus-Media%20Studie%20Mobile%20Effects%202011&ei=htA3TrDbEY3u-gbh4oiUAg&usg=AFQjCNFDWTV0vOJpmTtvTp_If1gcwJEdgg. Zuletzt geprüft am 08.08.2011.

Universität Wien [Hrsg.] (2011): *Wie verweisen deutschsprachige Tweets auf Medieninhalte?* Online verfügbar unter https://fedora.phaidra.univie.ac.at/fedora/get/o:64004/bdef:Content/get. Zuletzt geprüft am 08.08.2011.

van Eimeren, Birgit / Frees, Beate (2010): *Fast 50 Millionen Deutsche online. Multimedia für alle. Ergebnisse der ARD/ZDF Online Studie 2010.* In: *Media Perspektiven* (8), S. 334–349. Online verfügbar unter http://www.ard-zdf-onlinestudie.de/fileadmin/Online10/07-08-2010_van_Eimeren.pdf. Zuletzt geprüft am 08.08.2011

Wilwohl, Joshua (2010): *All the News that Fits in Your Pocket: Handheld Journalism.* Online verfügbar unter http://www.kobobooks.com/search/search.html?q=wilwohl&. Zuletzt geprüft am 08.08.2011.

Webseiten

All things Digital: Zuletzt geprüft am 08.08.2011.
http://allthingsd.com/20110318/qa-new-york-times-digital-czar-martin-nisenholtz-on-the-paywall-pricing-google-and-apple /

Bloomberg Online: Zuletzt geprüft am 08.08.2011.
http://www.bloomberg.com/news/2011-01-28/new-york-times-fixes-paywall-glitches-to-balance-free-vs-paid-on-the-web.html

Break the paywall: Zuletzt geprüft am 08.08.2011.
www.breakthepaywall.com

Der Merkur: Zuletzt geprüft am 08.08.2011.
www.dermerkur.de/artikel/zeitungsverlagesetzenaufpaidcontent

Facebook: Zuletzt geprüft am 08.08.2011.
www.facebook.com

Facebookbiz.de: Zuletzt geprüft am 08.08.2011.
http://www.facebookbiz.de/artikel/700-mio-facebook-nutzer-weltweit-20-mio-in-deutschland

Financial Times Deutschland Online: Zuletzt geprüft am 08.08.2011.
www.ftd.de

Focus Online: Zuletzt geprüft am 08.08.2011.
http://www.focus.de/digital/internet/tid-12646/facebook-twitter-google-die-wichtigsten-online-netzwerke_aid_350981.html

Handelsblatt Blog: Zuletzt geprüft am 08.08.2011.
http://blog.handelsblatt.com/globalmarkets/2011/05/19/die-ipo-welle-rollt-ein-warnsignal

Handelsblatt Online: Zuletzt geprüft am 08.08.2011.
www.handelsblatt.com

Heise Online: Zuletzt geprüft am 08.08.2011.
www.heise.de/newsticker/meldung/New-York-Times-mit-Bezahlschranke-fuer-Online-Leser-1217674.html

Horizont.net: Zuletzt geprüft am 08.08.2011.
www.horizont.net/aktuell/digital/pages/protected/Verlagsgruppe-Handelsblatt-baut-mit-Statista-Paid-Content-Bereich-aus_95705.html

IT Wissen: Zuletzt geprüft am 08.08.2011.
http://www.itwissen.info/definition/lexikon/Tafel-PC-tablet-PC.html

London Times: Zuletzt geprüft am 08.08.2011.
www.times.co.uk

Meedia.de: Zuletzt geprüft am 08.08.2011.
http://meedia.de/internet/vz-netzwerke-verlieren-ueber-200-mio-visits.html

New Business Verlag: Zuletzt geprüft am 08.08.2011.

www.newbusiness.de/newmedia/detail.php?rubric=NEW+MEDIA&nr=593350

New York Times: Zuletzt geprüft am 08.08.2011.
www.nyt.com

Pooq Blog: Zuletzt geprüft am 08.08.2011.
www.pooq.org/fyi/2011/05/die-flattr-charts-im-april-2011/

Press+: Zuletzt geprüft am 08.08.2011.
www.pressplus.com

Radoffs Blogspot: Zuletzt geprüft am 08.08.2011.
http://radoff.com/blog/2009/11/30/a-brief-history-of-paywalls/

Spiegel Online: Zuletzt geprüft am 08.08.2011.
www.spiegel.de/netzwelt/gadgets/0,1518,763288,00.html

Stiftung Warentest Online: Zuletzt geprüft am 08.08.2011.
www.test.de

taz Online: Zuletzt geprüft am 08.08.2011.
www.taz.de

Zeit Online: Zuletzt geprüft am 08.08.2011.
www.zeit.de/digital/internet/2011-06/myspace-facebook-verkauf

Autorenprofil

Thomas Böxler, Jahrgang 1986; wurde in Wertheim am Main geboren. Sein Studium im Fachbereich Medienmanagement an der Mediadesign Fachhochschule in Düsseldorf schloss er 2011 mit dem akademischen Grad Bachelor of Arts ab. Bereits während des Studiums sammelte der Autor durch die Arbeit in Kommunikations- und Beratungsagenturen umfassende praktische Erfahrungen in der Medienbranche. Durch diese Einblicke lernte er die aktuellen Herausforderungen, denen Medienunternehmen im digitalen Zeitalter gegenüber stehen, kennen. Das Interesse an den sich durch technologische Innovationen immer rasanter verändernden Kommunikationsprozessen motivierte ihn, sich der Thematik des vorliegenden Buches zu widmen.

Printed in Germany
by Amazon Distribution
GmbH, Leipzig